Aventures ?
Pourquoi Pas ?

Modeste Herlic

1ère édition
Édition de l'auteur
2022

*À ma sœur Theodora
pour son amour inconditionnel*

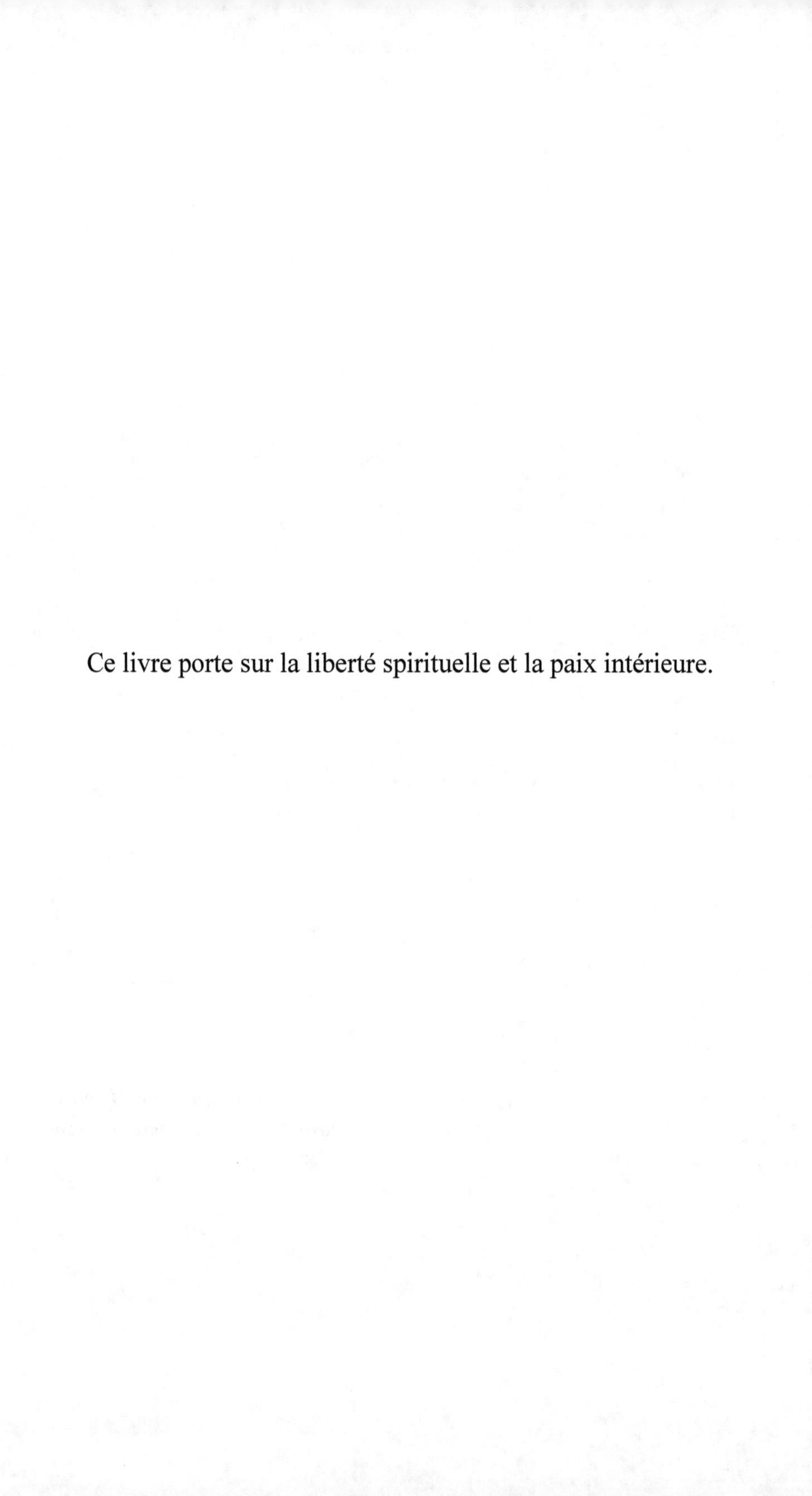

Ce livre porte sur la liberté spirituelle et la paix intérieure.

Tables des matières

*Le vrai service à Dieu est toujours une aventure
pour apprendre des choses spirituelles.*
Harold Klemp

Café Sorriso

L'appartement actuel de Paulo était dix fois plus petit que son ancien logement de luxe. Il avait vécu dans un somptueux penthouse surplombant la mer sur l'avenue Vieira Souto. Maintenant, sa vie n'était plus la même. Dans son nouveau domicile, l'espace était très réduit. Dans le salon, séparé de la chambre par une porte, il y avait une petite table, une chaise et un vieux canapé laissé par l'ancien résident. Sur le bureau, il gardait un ordinateur, une tirelire pour ranger les pièces de monnaie, une boîte à musique, plusieurs morceaux de papier avec des annotations, des billets de banque éparpillés et des reçus d'achat froissés. De l'autre côté de la pièce, on pouvait voir la cuisine américaine, où il y avait un réfrigérateur et une cuisinière qui n'avait jamais été utilisée. On y voyait également une armoire de cuisine à deux battants au-dessus de l'évier. Dans le placard, il y avait deux assiettes, deux fourchettes, deux cuillères et deux verres. Tout était basique dans ce nouveau logement, ni télévision ni objets de décoration. Quand Paulo emménageait, il pensait recevoir un invité à la fois.

Sous le bureau, dans un coin de la pièce, se trouvaient quatre livres poussiéreux — *Père riche, père pauvre* de Robert Kiyosaki et Lechter Sharon ; *L'homme le plus riche de Babylone* de George Samuel Clason ; *Les Secrets d'un Esprit Millionaire* de T. Harv Eker, et *Comment Se Faire des Amis et Influencer les Autres* de Dale Carnegie. Paulo n'était pas un ami de la littérature. Cependant, il se consacrait à la lecture avec le plus grand intérêt lorsqu'il s'agissait d'économie. C'est ainsi qu'il passait son temps libre en dehors du travail.

Ces quatre livres abandonnés sur le sol de son nouvel appartement n'étaient rien en comparaison avec le nombre d'ouvrages qu'il avait lus sur le secret de la liberté financière. Dans son ancien bureau, il y avait une énorme bibliothèque avec des étagères empilées. Paulo y gardait des centaines de livres, tous bien ordonnés. C'étaient des ouvrages dont les mots traitaient de comment trouver la clé du succès. Un peu traumatisé par son licenciement, il n'eut pas le courage de retourner dans son ancien bureau pour récupérer ses affaires.

Dans sa chambre à coucher, en face du lit, il y avait une table sur laquelle il gardait des médicaments. Près de celle-ci, on y trouvait une armoire dont les portes étaient entrouvertes, car les vêtements qu'elle contenait étaient jetés dans tous les sens. Au chevet du lit, orné d'un abat-jour, se trouvaient deux livres soigneusement disposés l'un sur l'autre — *Le banquet* de Platon et *Le pouvoir du moment présent* d'Eckhart Tolle.

Voilà huit ans déjà ans que Paulo avait lu *Le pouvoir du moment présent*. Ce livre était un cadeau de son fils à l'occasion de son quarantième anniversaire. Il en avait été si émerveillé qu'il l'eût lu très rapidement. Il l'avait lu, mais n'avait pas vraiment lu, car à aucun moment, il n'avait retenu son souffle pour saisir la profondeur des mots. En seulement trois heures, il avait terminé la lecture de l'ouvrage. Il ne s'était jamais demandé pourquoi son fils lui avait offert ce livre. Bien évidemment, il le trouvait pratique et très intéressant pour les affaires. Parfois, il s'en inspirait pour faire ses discours emblématiques motivant ses subordonnés concernant l'art du commerce. La vérité est qu'il n'avait jamais médité sur le concept du moment présent en dehors de l'économie. Paulo était tout simplement un économiste né. Tout ce qu'il faisait, il le faisait en pensant au profit.

Le banquet de Platon n'avait pas pris beaucoup de son temps. En réalité, ce qui manquait le plus à Paulo, c'était le temps. Plus il gagnait d'argent, plus il lui manquait du temps. Dans son agenda, il n'y avait pas de moments réservés à la promenade, à la famille ou au plaisir.

Un jour, il commença à lire *Le banquet*. Cependant, il trouva le langage trop raffiné. Ce livre lui avait été offert par une femme appelée Vanessa. Celle-ci lui servait du café à Café Sorriso, non loin de son ancien bureau.

Outre le fait de servir du café à ses clients, Vanessa était également propriétaire de l'espace. Elle inspirait de l'amour, et son café avait une saveur particulière. Avec ou sans sucre, avec ou sans lait, son café était un régal pour les cadres qui fréquentaient l'endroit. En dehors du café, elle proposait également : mousse de lait, barres de chocolat, cappuccino et bien d'autres choses encore. Tout cela était un délice pour les habitués du Café Sorriso.

Vanessa était une femme belle et charmante. Elle avait un cœur d'or. Elle était si complaisante qu'il était toujours difficile de déterminer si sa beauté était plus grande que sa gentillesse. Gracieuse, elle utilisait ses mots avec élégance, humilité et sympathie. Face à cela, ses clients se sentaient enchantés. Peu à peu et sans aucun effort, elle gagnait le cœur de tous ceux qui la connaissaient. Tous les consommateurs du café l'aimaient et se réjouissaient de ses histoires. Elle avait une façon particulière de voir le monde, et toute personne aimait l'écouter. Chaque fois qu'elle commentait la vie, elle évoquait le bon côté des choses. Tout en elle était parfait, et la plupart de ses clients hommes tombaient amoureux d'elle en silence. Ceux qui étaient déjà mariés ne voulaient pas perdre son amitié, tandis que les célibataires la désiraient dans le silence de leur cœur ardent. Paulo, également, n'en était pas indifférent. Au plus profond de son cœur, il éprouvait un certain intérêt pour Vanessa. C'était bien pour cela que tous les matins, il allait au Café Sorriso. Quand Vanessa le voyait, elle ne manquait pas l'occasion de lui dire : « Il n'y a rien de mieux dans cette ville que de commencer la journée avec un sourire. » N'étant pas doué avec les mots, Paulo lui retournait le sourire, avec un air ravi. Puis, il partait sans mot dire. En réalité, Paulo ignorait comment se comporter avec les femmes, et encore moins avec une personne comme Vanessa.

De regard en regard, Paulo et Vanessa finirent par devenir amis. Au fil du temps, ils se sont mis à parler de tout et de rien en particulier. En de rares occasions, ils s'en tenaient à un simple « bonjour, Comment ça va ? ». Malgré sa timidité, Paulo fit comprendre à Vanessa combien leur conversation lui était agréable.

Un jour, il lui dit : « Bavarder avec toi est un plaisir sans fin. » En sachant que Paulo n'était pas un amateur de poésie, Vanessa resta perplexe. Stupéfaite, elle sourit comme toujours et dit d'une voix douce : « Ah, mon cher Paulo ! Comme c'est beau ! Je me réjouis de t'écouter. » Vanessa était surprise, car elle ignorait que l'amour pouvait faire germer la poésie dans le cœur de tout être humain, qu'il soit roi ou esclave.

Progressivement, Paulo commença à partager certaines de ses préoccupations avec Vanessa. Toutefois, elle ne mentionnait jamais rien de sa vie personnelle, ni de ses propres problèmes. Elle se contentait d'écouter les histoires de Paulo. Ainsi, comme tous les autres clients du Café Sorriso, celui-ci ne savait pas grand-chose d'elle. Tout ce qui se savait d'elle, c'était qu'elle aimait la vie et vivait en voyageant de pays en pays.

Paulo avait reçu *Le banquet* de Platon quatre ans avant que tout ne s'écroule dans sa vie. Cela s'était passé durant une conversation de routine au Café Sorriso. C'était son anniversaire. Sergio, son chef, lui avait donné un jour de congé pour le fêter avec sa famille. Cependant, Paulo décida de travailler. Il regarda Sergio et lui dit avec ironie : « Je pense au profit que je ne ferai pas si je reste à la maison. » Après un petit rire, Sergio répondit avec satisfaction : « Super ! » Puis il ajouta avec un peu de sarcasme : « Tu es le patron ! » Ils ont tous les deux ri.

Il convient de noter qu'à cette époque, la nécessité de Paulo à vouloir rester tout le temps au travail n'était pas motivée par la recherche incessante du succès, car il était déjà un homme riche. La raison pour laquelle il ne voulait pas rester à la maison était parce qu'il était malheureux avec sa femme.

La vérité est que Paulo ne s'était jamais senti comblé avec sa famille. Au fil des ans, il s'aperçut que la richesse matérielle ne garantit pas toujours le bonheur. Au moins, il connaissait l'importance de l'amour et essayait donc d'aimer et de prendre soin de ses proches autant que possible.

Le jour de son quarante-deuxième anniversaire, Paulo, debout devant le Café Sorriso, ne voulait guère penser au jour de sa naissance. À l'entrée du café, il était écrit :

Un sourire pour commencer la journée,
Le cœur ouvert,
Sans rien à souhaiter,
Sans rien attendre en retour.
Un jour heureux ou triste,
Un sourire qui ne coûte rien
Pour changer le monde
Et réjouir le cœur de l'inconnu.

Pendant des années, Paulo voyait ce message, mais n'avait jamais pu le lire entièrement. Il n'avait pas de temps à perdre en dehors du travail. Ainsi se comporta-t-il de la même façon le jour de son anniversaire.

Avant d'entrer dans le café, il regarda sa montre. Il était sept heures et demie. Il arrivait toujours trente minutes avant l'ouverture de son bureau. De cette façon, il pouvait passer un peu de temps avec Vanessa.

— Bonjour, Vanessa ! Comment se passent les choses ici ?

— Il est trop tôt pour le dire. Jusqu'ici, tout va bien. Et toi ?

— Je vais bien aussi. Je crois avoir besoin d'un café de Sorriso pour bien commencer la journée.

— Ah ! Comme c'est merveilleux ! Le goût du café est magique quand le cœur du client est joyeux.

— Mais tu sais quoi, je n'ai pas été très gai ces derniers temps. Quoi qu'il en soit, j'apprécierai ton délicieux café qui ne déçoit point.

— Que s'est-il passé ?

— Rien de différent. Tu sais, les choses arrivent, et la vie suit son cours.

— J'ai vu sur Facebook que c'est ton anniversaire aujourd'hui.

— Ah ! C'est vrai !

— Joyeux anniversaire ! Je te souhaite la paix, l'amour et du succès dans ce nouveau cycle. De plus, tu aurais dû rester chez toi pour profiter de ta journée et faire la fête avec tes proches.

— Mes collègues et moi sommes d'accord sur le fait que le temps est précieux. Nous ne devrions pas le gaspiller avec des choses inutiles.

Vanessa laissa échapper un léger sourire.

Paulo poursuivit :

— C'est juste que tout va si vite dans la vie. Si je reste un jour sans travailler, mon entreprise perdra beaucoup.

— Paulo, mon ami, tu es libre de faire ce que tu veux. Mais, n'oublie pas que tout dans la vie est une célébration. Il n'y a donc rien de mal à commémorer le jour où nous sommes venus au monde.

Paulo baissa la tête et dit, timidement : « Les hommes comme moi ne mènent pas ce genre de vie. »

Vanessa répondit sans plus tarder : « Si le monde de la réussite est ainsi, je ne veux pas y vivre. »

— Tu as raison. Le succès n'est pas toujours pour les romantiques, remarqua Paulo.

— De toute façon, j'ai un cadeau pour toi.

Vanessa se pencha et prit quelque chose de l'autre côté du comptoir. Puis, elle tendit à Paulo un cadeau, emballé dans du papier doré et orné d'un nœud rouge. À cet instant, Paulo pensa à l'amour. Il prit le petit cadeau et l'ouvrit immédiatement. C'était Le *Symposium* de Platon, un beau texte sur la signification de l'amour et de l'amitié. « Wow », s'exclama-t-il.

— Qu'y a-t-il de surprenant à cela ? demanda Vanessa.

— Un livre écrit par un rêveur pour un homme aussi pragmatique que moi ?

— Oui, je crois au changement.

— Elle est bonne celle-là, dit Paulo en souriant. De toute façon, merci, Vanessa !

— Je te remercie de l'avoir accepté !

La montre de Paulo fit un bip. Il était huit heures. Sans tarder, il lui dit au revoir et partit précipitamment. Le travail l'attendait.

L'artiste mystérieux

Dans la chambre à coucher du nouvel appartement de Paulo, il y avait une petite commode simple, placée près de l'entrée de la salle de bains. Au-dessus, se trouvait une illustration inachevée d'une cabane au milieu de la forêt. Paulo avait gardé ce dessin depuis l'âge de six ans. À part cela, il y avait aussi une œuvre d'art. Il s'agissait d'une peinture acrylique intitulée « Le Retour ». Elle représentait une étoile brillante au milieu d'un ciel bleuâtre. Sur les bords de l'étoile, l'œuvre était plus sombre, marquée par un changement progressif de tonalité. À partir du coin gauche, au bas de la toile, il y avait un chemin doré qui allait vers l'étoile. La couleur froide de la peinture favorisait un sentiment de paix et de sérénité dans le cœur de ceux qui la regardaient. Malheureusement, Paulo ne s'était jamais arrêté pour la contempler. Ce petit tableau était la seule œuvre d'art qu'il avait dans son appartement.

Durant l'été 2001, Paulo et sa famille allèrent se promener sur la place General Osório à Ipanema. Ce jour-là, au même endroit, se déroulait la foire aux hippies. Rafael, le plus jeune fils de Paulo, qui avait l'âme d'un poète, n'avait que neuf ans. Alors que la famille se promenait sur la place, le garçon vit un artiste, qui non seulement créait et récitait des poèmes, mais vendait aussi des peintures.

« Papa, je veux écouter ce poète », s'écria le garçon. Paulo, sa femme et les deux enfants se dirigèrent vers le poète. Arrivés sur place, ils remarquèrent la condition misérable de l'artiste. Celui-ci se croyait pourtant riche. Peut-être était-ce parce qu'il faut avoir la richesse du cœur pour écrire ou réciter un poème. Paulo mit une pièce de monnaie dans le bol en verre.

Tout en étant assis, l'artiste les regarda et dit avec éloquence : « Sous le soleil, je me parle à moi-même en chantant la mélodie de la vie. Je vois ce que les yeux ne voient pas. Je dis ce que les oreilles n'entendent pas. Je suis ce que le monde ne veut pas être. Suis-je un sage parmi les fous ? Un dément parmi les hommes ? Ou un misérable parmi les riches ? Ah ! Saint Créateur, je ne sais vraiment pas qui je suis. »

Paulo se sentit gêné. Les deux enfants semblaient apprécier cet étrange poète. La mère, ébahie, sourit et mit trois pièces de monnaie dans le bol transparent. Peu après, l'artiste rit de tout son cœur. Son rire était aussi bizarre que drôle. La famille le regarda, et il leur rendit le même regard. Ensemble, ils rirent joyeusement.

L'artiste ne demanda pas à la famille quel thème celle-ci souhaitait qu'il développe dans son poème. Il se leva avec fierté et humilité en même temps, caressa sa moustache et sa barbichette avec douceur, en marchant d'un côté à l'autre. Avec une attitude dramatique, il se déplaçait avec grâce et gesticulait comme un prince dans un palais. Il regarda le ciel et commença à déclamer un poème. Pendant qu'il parlait, ses mots rimaient avec ses gestes. Il était dans un état de pure harmonie.

« Je sais très peu de choses sur la vérité. Cependant, je crois que la vie est un don. Vivre, c'est rendre grâce pour chaque moment, chaque sourire, chaque adversité, chaque étreinte et tout le reste. Vivre, c'est trouver la joie à chaque pas vers l'inconnu. Vivre, c'est simplement aimer, même si la vie semble se moquer de nous. Alors, vivez comme si tout ce que vous faites était une consécration. Je dis cela, car les battements du cœur sont des vers dans le poème de la vie. Alors, pensez comme si vous méditiez sur l'amour. À la lumière du jour, dansez comme si le mouvement était une célébration de l'âme. Dans la nuit noire, allongez-vous avec joie et dormez en paix, sans remords. Vivez chaque instant de votre existence comme si vous écriviez le roman de la vie, de vos vies. Vivez dans l'allégresse et ne craignez pas la mort. Pourquoi la craindre ? Ce n'est rien d'autre que la nuit du jour. Respirez l'air léger de la vie et pensez : j'aime et j'aimerai toujours, car dans l'amour, je suis moi-même. »

Les enfants regardaient avec émerveillement ce spectacle. Le petit Rafael était tellement absorbé par les paroles de l'homme qu'il n'a même pas remarqué la fin du poème. Un autre artiste que Paulo connaissait avait déjà dit : « La poésie est comme la vie, infinie comme la mer. Quand elle touche le cœur de l'homme, elle ne s'oublie jamais. »

« Venez, les enfants ! Le poème est terminé », dit Paulo. L'artiste se tut et s'assit. « Non, papa. Je veux ce tableau », s'écria Rafael, en montrant du doigt une œuvre d'art. C'est ainsi qu'ils achetèrent la peinture bleue à l'artiste mystérieux sur la place du Général Osório. Après quelques années, Rafael s'en désintéressa, et elle finit par rester avec son père.

Au fond, Rafael ressemblait beaucoup à Paulo. Enfant, ce dernier ne rêvait que de deux choses — devenir un grand peintre et connaître tous les pays du monde. À seulement cinq ans, il griffonnait déjà dans son carnet des objets naturels tels que des plantes, des arbres, des montagnes, des vallées, des étoiles, des animaux, en plus des êtres humains. Son père était toujours heureux lorsqu'il tombait sur ces illustrations. Paulo dessinait également des choses que ses parents ignoraient — des choses tirées de l'imagination fertile d'un enfant.

Quand il n'était pas équipé d'un crayon, il avait une brosse, un stylo ou un morceau de craie. La vérité est que Paulo ne passait pas un jour sans dessiner. Pendant ses vacances, quand il n'avait plus de cahier, il peignait des choses sur tout ce qui se voit dans une maison, comme les chaises, les tables, les portes, les murs, le réfrigérateur, la cuisinière et bien plus encore. Il laissait sa marque d'artiste sur tout ce qui avait une surface chez eux, y compris le sol. À l'âge de six ans, il avait été puni par sa mère pour avoir mis le désordre dans la maison avec son flot d'illustrations. En guise de châtiment, il avait dû répéter cinquante fois la déclaration suivante : « Quand je serai grand, je serai médecin. » Ce fut la dernière fois que Paulo venait de faire un dessin complet. En fait, depuis lors, il n'avait plus jamais peint ni dessiné. Être un professionnel de la santé a toujours été le rêve de sa mère, mais elle n'avait malheureusement pas pu entrer à l'université. Elle n'avait pas réalisé son rêve. En revanche, elle s'était promis que son fils bien-aimé le ferait à sa place.

Contre la volonté de sa mère, Paulo ne s'inscrivit pas à l'École de médecine. Elle l'interrogea à ce sujet, et il répondit que ce n'était pas intentionnel, mais qu'il avait oublié. En tant que fils de pasteur, il avait également agi contre la volonté de son père en sautant les séminaires évangéliques ainsi que les cours de théologie. Finalement, il n'avait suivi ni la volonté de son père ni celle de sa mère. Ces derniers avaient mis beaucoup de temps à accepter le choix de leur fils. Parfois, en considérant tout cela, ils pensaient avoir échoué en tant que parents.

Quant au second grand rêve de Paulo, rien n'avait été fait. Peu après avoir obtenu son diplôme, il obtint un poste dans une société d'investissements boursière renommée. Au fil des ans, il devint le plus grand économiste de l'entreprise. Il y a travaillé pendant plus de vingt ans, jusqu'à ce qu'il soit licencié. Pendant tout ce temps, il était tellement demandé à son travail qu'il n'avait jamais un moment pour lui-même, un moment pour voyager et connaître le monde, un moment pour profiter de la vie avec ses enfants et sa femme.

Maintenant, il se retrouvait seul face à son échec. Il avait échoué non seulement en tant qu'économiste, mais également comme père de famille. Après toutes ces années au service de l'argent, il se retrouva seul dans ce petit appartement, loin de tout ce qu'il avait conquis.

Dans la minuscule salle de bains de l'appartement, il n'y avait de la place que pour une seule personne. Sur le lavabo, un seul savon, et au-dessus, un miroir rond. Chaque fois que Paulo se regardait dans la glace, il se demandait : « Pourquoi moi ? Pourquoi tout cela m'est-il arrivé ? » Il réfléchissait un bref instant et poursuivait sa routine quotidienne, qui consistait à aller et à venir sans avoir besoin de trop penser.

Souvent, quand il prenait une douche, il restait plusieurs minutes sous l'eau et pensait au penthouse où il avait vécu à Ipanema. Sa vaste salle de bains, hautement décorée d'objets scintillants, lui manquait. Il se souvenait surtout de la cuvette en cristal qui brillait comme une étoile dans le ciel sombre. Il se souvenait aussi des nuits d'hiver où il restait immergé pendant des heures dans la baignoire, en méditant sur comment avoir plus de succès dans la vie. Tout cela faisait partie du passé. Maintenant, Paulo devait faire face à la réalité du moment présent.

Un nouvel être

Un matin de janvier 2015, Paulo se réveilla au milieu d'un rêve. Ce n'était pas un de ces cauchemars qui effraient les pécheurs, ni une de ces incertitudes qui tourmentent les angoissés. Cela faisait sept jours qu'il avait rêvé de la visite d'une âme gracieuse. Elle s'était manifestée avec une voix suave et des paroles apaisantes. Elle n'avait prononcé qu'une seule phrase, ce qui suffit à rassurer le cœur de Paulo. Ainsi, il fut libéré de la détresse qui l'importunait ces nuits-là, et depuis lors, il n'avait cessé de réfléchir à la signification de ce rêve. Dans son imagination, il essayait de se souvenir du visage de la visiteuse, mais n'y parvenait pas.

Allongé dans son lit, Paulo, serein, se rappelait que quelques mois auparavant, une nuit où il ne pouvait plus supporter le fardeau des remords, il s'était mis à pleurer devant le miroir, en disant : « J'ai besoin de l'aide d'en haut. Éclairez mon chemin et guidez mes pas. » Il se demandait maintenant si ce rêve inhabituel était un signe de l'univers. Peu après y avoir réfléchi, il fut mystérieusement submergé par un sentiment de paix et de contentement. Puis, se convainquit qu'il n'était pas seul sur la route de la vie. D'une certaine manière, il commença d'imaginer la main de Dieu derrière tout ce qui se passait, que ce soit dans sa vie ou dans celle d'autrui.

Plus de deux heures passèrent, et Paulo ne bougea pas de son lit. Le firmament commençait à s'éclairer. Le soleil se levait lentement à l'horizon, et un de ses rayons, encore ténu, traversa la fenêtre de la chambre. Tout autour de Paulo devint doré, y compris le drap. C'était beau à voir. Stupéfait, il se leva et alla à la fenêtre. Enveloppé dans une couverture, il se mit à regarder les allées et venues des gens au petit matin. Près de chez lui se trouvait la plage de Copacabana.

À l'aube, le vacarme des métropoles s'assoupit. La grande ville de Rio de Janeiro est pareille. Près de la fenêtre de son appartement, Paulo regardait les rues, qui étaient pratiquement désertes. Tout y était tranquille. Notre homme avait toujours vécu à Rio, mais n'avait jamais connu un calme intérieur aussi authentique. Il mit la tête à l'extérieur de la fenêtre et sentit une brise suave lui toucher le visage. Quelque chose en lui vibra. Il ressentit une brève agitation, mais ne pouvait pas dire ce que c'était. Il avait simplement envie d'aller à la plage. « Pourquoi ne pas partir à la plage ? », pensa-t-il immédiatement. Puis, il prit un cahier et un stylo et les mit dans sa sacoche, se dépêcha de descendre et se dirigea vers la plage. Plus il s'approchait de la mer, plus il avait le sentiment de s'éloigner de ses pensées et de ses tourments. La plage était à dix minutes de son immeuble. Cependant, le temps avait passé et il atteignit sa destination sans s'en apercevoir.

Une fois arrivé, il se tint devant l'océan. À sa grande surprise, il remarqua le ciel orné d'un arc-en-ciel. La mer, tantôt agitée, rugissait comme une tempête ; tantôt calme, chantait la douce mélodie du silence. Avec des gazouillements joyeux, les oiseaux prenaient possession du ciel et volaient dans son azur interminable.

La mer semblait infinie, incorruptible par les oscillations des vagues, que celles-ci fussent turbulentes ou calmes. La mer était là, pleine de vie. Ainsi était-elle donc restée et restera à jamais, insensible à la sagesse et à l'avidité de ses admirateurs humains, résistante à tout type de climat intempestif. Cette infinitude de l'océan apportait à Paulo une sensation de grande paix, berçant son cœur à travers le doux frémissement du vent.

Paulo regarda profondément l'océan et fut sidéré, car il n'avait jamais vu la nature de cette façon. Il se tenait juste debout, en silence, regardant les vagues d'eau qui s'étendaient et ne finissaient jamais. Une agréable brise lui caressait la peau. Son visage scintillait et il réalisa sa petitesse devant la majestueuse création. Il ferma les yeux avec humilité et, dans son cœur, remercia le créateur absolu. Tout comme beaucoup d'hommes passent devant la beauté sans jamais s'en apercevoir, Paulo a toujours vécu au bord de la mer, mais n'avait jamais eu l'occasion de la connaître comme il le faisait maintenant. Peut-être était-ce parce qu'il avait toujours eu l'esprit inquiet.

Quelques minutes après, il s'assit sur un banc et se mit à dessiner dans son carnet. À ce moment-là, les rayons du soleil avaient redoublé d'ardeur. Et il semblait qu'un nouveau soleil commençait d'éclairer les jours de Paulo. Ce dernier se sentit reconnaissant pour avoir perçu ce changement. Désormais, il n'aurait plus jamais à penser ou à agir comme dans le passé. Il n'était plus le même.

Il était là, assis sur le banc, le regard songeur, avec le dessin inachevé du lever du soleil dans les mains. Soudain, une femme apparut et dit :

— J'ai dû marcher pendant plus d'une heure pour arriver jusqu'ici. Je suis un peu fatiguée. Puis-je m'asseoir à côté de vous ?

— Oui, bien sûr !

Paulo fut un peu surpris par les manières de cette femme. À Rio, les gens ne demandent pas souvent la permission avant de s'asseoir sur les bancs publics.

Il déplaça ses affaires pour lui faire de la place. Elle s'assit et sortit un livre de son sac. C'était *Siddhartha* d'Hermann Hesse. « Ce livre ne doit pas être facile à lire », pensa Paulo. Il semblerait que la femme ait lu dans son esprit. Alors, elle sourit et dit : « Beaucoup n'aiment pas ce livre. Certains disent que le langage est très poétique. Cependant, quand on le lit avec le cœur ouvert, on peut voir combien l'histoire de *Siddhartha* est intéressante. »

— Un de mes amis a commencé à le lire, mais il a vite abandonné. Je suppose qu'il n'était pas prêt.

La femme aux mystérieuses manières réfléchit un moment et dit : « L'homme est comme un fleuve. Un jour ou l'autre, il finira par atteindre la mer. » Elle se sentait à l'aise aux côtés de Paulo, et il était également heureux de la rencontrer. Ils se souriaient l'un à l'autre.

Au fond de son cœur, Paulo avait le sentiment de la connaître depuis longtemps, comme si elle était une vieille amie. C'était une femme délicate, avec un visage fin. Ses cheveux brun foncé lui descendaient jusqu'aux épaules. Le sourire au coin de sa bouche semblait éternel. À travers ses lunettes, on pouvait voir ses yeux pétiller de joie. Elle avait l'air d'une personne calme, toujours prête à aider ceux qui sont dans le besoin. Avec un air doux, elle évoquait la sérénité d'une âme enchantée par la vie. Tout en elle était simple et lumineux.

Paulo sentit que la présence de cette inconnue était ce qui manquait à son dessin. Il prit alors son stylo et son cahier, et entreprit de dessiner le banc sur lequel ils étaient tous les deux assis. Peu après, elle le regarda et lui dit : « Wow, quel beau dessin ! »

— C'est le lever du soleil.

— Vous vous êtes donc réveillé très tôt aujourd'hui ?

— Oui, je voulais faire quelque chose de différent. Je suis arrivé ici pendant que l'aube régnait encore dans le ciel de notre merveilleuse ville. J'ai eu l'inspiration d'apporter un cahier et un stylo. Il y a longtemps que je n'ai pas dessiné.

Elle ferma son livre et proposa : « Vous savez quoi ? Au lieu de lire, je parlerai avec vous. Et elle ajouta, en souriant : Si cela ne vous dérange pas, bien sûr ! »

Ce dont Paulo avait le plus besoin à ce moment-là, c'était que quelqu'un pût lui prêter oreille. Dans les grandes villes comme Rio, il est difficile de trouver une personne qui soit prête à écouter son prochain. Cela arrive parce que les gens préfèrent généralement parler. Sachant cela, Paulo se réjouit de la disponibilité de cette femme aux étranges façons.

— En êtes-vous certaine ? se rassura-t-il. Mon histoire n'est pas si intéressante.

— C'est bien pour cela que ce serait un plaisir de vous écouter, dit-elle avec grâce.

— Par où dois-je commencer ? Il y a tant de choses à dire. Je pense que nous n'aurons pas assez de temps.

— Nous avons toute une vie, répondit l'inconnue, en souriant.

Elle remit le livre *Siddhartha* dans son sac, joignit les mains et affirma joyeusement : « C'est à cœur ouvert que je recevrai ce qui adviendra. »

Tout cela était une nouvelle expérience pour Paulo. Il était un peu gêné et ne pouvait pas entamer son histoire. Au fond, il voulait vraiment la partager avec elle. Cependant, il avait peur, car il pensait qu'il fallait d'abord la connaître davantage. Parfois, même avec les yeux grands ouverts, la peur est capable de nous voler les moments où l'univers veut nous offrir une caresse. En effet, comme beaucoup d'autres hommes, Paulo peinait à accepter les dons de la vie.

Heureusement, cette femme n'était pas une personne ordinaire. Son sourire était comme un cadeau, et Paulo ne pouvait pas cacher le bonheur qu'il ressentait à être près d'elle. Avec élégance et patience, elle comprit qu'il lui suffisait d'un peu de courage pour faire ce que son cœur souhaitait. Elle a donc poursuivi la conversation :

— Vous habitez près d'ici ?

— Oui, pas très loin de la plage. J'ai déménagé ici il y a deux ans.

— Oh ! Vraiment ? Où habitiez-vous avant ?

— À Ipanema, dans un appartement avec vue sur la mer.

— Ça devait être très beau !

— C'est vrai ! C'était un bel appartement. Ça me manque parfois.

— Oh ! C'est dommage !

Ils demeurèrent tous les deux silencieux pendant un moment.

« La mer est splendide, vous ne trouvez pas ? », dit la femme d'une voix gentille, ramenant ainsi Paulo à la conversation, au moment présent.

— Je suis d'accord. C'est extraordinaire !

— Les moments de la journée que j'aime le plus sont le lever et le coucher du soleil. En eux, je sens la présence de Dieu. Et vous ?

— Je n'ai pas de réponse. La vérité, c'est que je viens juste de découvrir que la journée est faite de moments. Je n'y avais jamais pensé de cette façon.

— Imaginez-vous assis au bord de la mer, contemplant son azur infini et voyant le soleil se lever ou se coucher. Pendant ce temps, la coloration du ciel change à toutes les secondes. Y a-t-il quelque chose de plus beau que la nature se manifestant en mille couleurs ?

— Je m'aperçois de tout ce que j'ai perdu par le passé. Je n'avais pas un moment pour respirer et contempler la nature. Maintenant, je comprends mieux ce que mon ex-femme disait à propos de l'océan.

— Voudriez-vous partager cette histoire avec moi ?

— Bien sûr ! Elle s'appelle Renata. Elle aimait aller à la plage et s'asseyait sur un banc pour profiter de la mer et des allées et venues des gens. Elle s'y promenait aussi en fin d'après-midi, quand le soleil n'était plus aussi brûlant. Elle aimait aller sur les rochers d'Arpoador pour regarder le coucher du soleil. À ce moment-là, les gens ont l'habitude d'applaudir à ce merveilleux spectacle. Elle m'y a toujours invité. Cependant, je n'ai jamais pu trouver le temps pour cela.

— Vraiment ?

— Elle me manque parfois, mais je devrais apprendre à accepter les choses telles qu'elles sont.

— Tout passe, mon ami. On dit que le temps est le meilleur des remèdes. Mais maintenant, profitez du moment présent. Regardez la beauté autour de nous, observez combien la création est généreuse.

— C'est vrai ! Maintenant, je me souviens avoir vu, par hasard, une citation d'un auteur inconnu. Il disait : « Dieu est nature, beauté, justice et amour. » Aucun mot n'existe pour exprimer la perfection de cet Être Universel. En étant ici en ce moment et en regardant la mer infinie, je me rends compte que tout ce que nous savons de Dieu n'est qu'une goutte d'eau. Je pense que l'ultime vérité est bien plus immense que tous les océans réunis, dit Paulo.

— Comme c'est beau ! Vos mots sonnent comme de la poésie.

— Merci de penser ainsi.

La femme s'approcha un peu plus près de Paulo et lui dit avec curiosité : « Alors, vous êtes né dans le coin ? »

— Je suis né et j'ai grandi ici. Et vous ?

— Je suis aussi de Rio. J'ai vécu ici pendant quarante-huit ans. Puis j'ai déménagé au Canada, où je vis avec mon mari depuis plus de vingt-cinq ans.

— Comme c'est intéressant ! Je suis âgé de quarante-huit ans.

— Je pourrais être votre mère.

Ils ont tous les deux ri. Paulo était maintenant plus à l'aise. Donc, il continua :

— Vous êtes ici pour les vacances ?

— Oui, je suis ici pour changer un peu d'air. Je viens au Brésil chaque année pour échapper au froid du Canada. Je ne suis pas fan de l'hiver.

— Votre mari n'est pas contre le fait que vous voyagiez seule ?

— Non, il ne s'y oppose pas. Ce qui est intéressant, c'est que personne ne me demande si ça ne me dérange pas qu'il ne vienne pas avec moi.

— Je vois ce que vous voulez dire ! Je suis désolé ! dit Paulo, embarrassé.

Toujours souriante, la femme exprima : « Relaxe ! C'est bon ! Tout le monde me demande si le fait que je voyage seule dérange mon mari. »

— Je me rends compte que dans notre société, nous ne voyons pas la femme comme un être autonome, indépendant de son mari — il fit une courte pause. — Pour changer de sujet, que pensent les Canadiens de notre belle ville ?

— C'est une question intéressante ! La plupart d'entre eux pensent que nous vivons en faisant la fête toute la journée. Une fois, j'ai visité le Brésil avec un de mes étudiants canadiens. À un moment donné, il m'a demandé : « Où est la musique ? ». Et je lui ai répondu que les Brésiliens ne jouent pas de musique tout le temps. Ils mènent une vie normale. Ils travaillent, dorment et font aussi des choses sérieuses. Il s'avère qu'en arrivant au Brésil, cet étudiant pensait qu'il allait écouter de la musique et voir les gens danser dans tous les coins de la ville.

Ils se marrèrent pour un bref instant. La femme poursuivit : « Je suis surprise de voir comment les personnes inventent ce genre de stéréotypes et y croient ! »

— C'est une réalité à la fois drôle et terrible.

— Oui, malheureusement ! Et quant à vous, avez-vous des frères et sœurs ?

— Non, je suis enfant unique.

— Avez-vous déjà souhaité avoir des frères et sœurs ?

— Parfois, oui ! Parfois, non ! Cela dépend de mon humeur.

— Souvent, les enfants uniques sont désireux d'avoir d'autres frères et sœurs. J'en ai cinq et je pourrais vous en donner un en cadeau si vous le souhaitez.

— Un seul ne suffirait pas. Quatre d'entre eux me conviendraient mieux.

Ils rigolèrent à volonté. Paulo se sentit plus à l'aise pour parler, mais juste au moment où il allait commencer à raconter sa vie, la femme reçut un message. Elle regarda son téléphone portable et dit : « Je dois y aller, mon ami. »

Elle le prit dans ses bras pour lui dire au revoir. Il se sentit envahi par un amour inconditionnel, qui coulait en lui comme il ne l'avait jamais expérimenté auparavant. Lorsque la femme était sur le point de partir, elle lui chuchota : « À la prochaine ! »

Paulo s'empressa de dire :

— Je suis désolé ! J'ai oublié de vous demander votre nom.

— Je m'appelle Karina, votre nouvelle amie.

— Et moi, Paulo. Enchanté !

— Moi de même ! Et la prochaine fois, vous pouvez me tutoyer.

— C'est d'accord !

Avec ces mots, Karina quitta la plage, et Paulo y resta pour un moment. Finalement, il se leva et se mit à contempler l'océan. Le monde autour de lui était serein, et les vagues d'eau se mouvaient comme si elles dansaient. Pour la première fois depuis plus de deux ans, Paulo se sentait heureux avec cette magnifique vue de la nature. À cet instant, il oublia ses soucis et se satisfit avec toutes les bénédictions qu'il avait reçues jusque-là.

Conquis pas une joie interne, notre homme, à la peau sombre, sourit lestement et décida de rentrer chez lui. Pendant qu'il marchait, son charme s'intensifiait sous les rayons lumineux. Est-ce un nouveau soleil dans l'existence de Paulo ? Ou est-ce Paulo, un nouvel être avec une nouvelle conscience ?

Dans la vie de famille,
l'amour est l'huile qui facilite la friction,
le ciment qui rapproche
et la musique qui apporte l'harmonie.
Friedrich Nietzsche

Amaro et Clymène

La famille de Karina était composée de membres issus de différentes régions géographiques. Clymène, sa mère, était née à Belo Horizonte. Ses parents étaient Daisy et Odorico, un natif de Ceará qui avait étudié la géologie à l'Ecole de Mines de Ouro Preto. À l'âge de trois ans, Clymène et ses parents déménagèrent à Ouro Preto, où son père commença à enseigner la géologie à l'Ecole des Mines de Ouro Preto. Aujourd'hui, cette école est intégrée à l'Université Fédérale d'Ouro Preto.

La grand-mère de Clymène, Louise Jane, était anglaise, originaire de Truro, en Cornouailles. Elle était venue à Ouro Preto à l'âge de dix-neuf ans, lorsque son père avait commencé à travailler comme ingénieur dans les mines d'or de cette région. À cette époque, Ouro Preto était un lieu de rencontre culturel pour les personnes venant non seulement d'autres États du Brésil, mais également du monde entier.

Après son arrivée à Ouro Preto, Lulu, l'arrière-grand-mère de Karina, épousa un bahianais, Archias Eurípedes, et ils eurent neuf enfants. Bien que Karina naquît longtemps après la mort de Lulu, elle se sentait très attachée à celle-ci, comme si les deux étaient la même personne dans un passé lointain. C'est pour cela qu'enfant, elle écoutait attentivement lorsque sa grand-mère Daisy lui racontait des histoires sur Lulu. Une fois, elle demanda à sa mère : « Maman, tu ne trouves pas que je ressemble à mon arrière-grand-mère ? » En pensant que cette question venait de l'imagination d'une enfant, sa mère lui répondit avec beaucoup d'amour : « Oui, je le pense, ma chère. »

Des années plus tard, Karina passa quelque temps à Londres et se convainquit d'un lien intangible mais profond existant entre elle et son arrière-grand-mère. Elle se sentait chez elle en Angleterre, comme si elle y avait vécu il y avait longtemps de cela. D'une certaine manière, le supposé fil invisible qui la reliait à son arrière-grand-mère, bien que caché dans l'âme, demeurait inflexible et incassable dans son cœur.

Les membres de la famille des parents de Karina étaient des amis d'enfance. Ils se connaissaient parce qu'ils résidaient dans une ville modeste où les uns s'immisçaient dans la vie des autres. Enfant, Clymène était très amie avec Vera et Diva, les sœurs d'Amaro. Chaque fois qu'elle leur rendait visite, elle voyait leur frère de loin. Peu à peu, de la curiosité à la tendresse, elle apprit à aimer Amaro jusqu'à ce qu'ils deviennent tous les deux amoureux et plus tard mariés.

Amaro n'aimait pas du tout vivre à Ouro Preto, car il suffisait que quelqu'un éternue pour que tout le monde le sache. Il n'y avait pas de vie privée dans cette partie du monde. Quand Amaro était enfant, à seulement deux ans, il eut une pneumonie. Une personne l'a appris et l'a dit à une autre, qui l'a dit à une autre personne, et ainsi de suite. En peu de temps, toute la ville l'a su. Plus tard, le même jour, une couronne d'enterrement est arrivée chez Amaro. Il s'est avéré que la personne qui avait envoyé les fleurs avait reçu la nouvelle selon laquelle le petit Amaro était déjà mort.

Amaro était une personne discrète. Il faisait tout sans attirer l'attention sur lui. C'est surtout pour cela qu'il détestait les commérages des petites villes. Par conséquent, lorsqu'il épousa Clymène, ils décidèrent tous deux d'aller vivre à Rio de Janeiro. C'est pourquoi Karina et tous ses frères étaient cariocas.

Amaro et Clymène faisaient partie des familles traditionnelles du Minas Gerais, également connue sous le nom de TFM. Ce qui caractérise le plus la TFM est le fait que les parents sont très stricts, assez traditionnels et profondément conservateurs en ce qui concerne les valeurs morales et religieuses. De plus, ils aiment avoir beaucoup d'enfants, et quand ils n'en ont pas, ils deviennent très inquiets.

Trois ans après leur mariage, Amaro et Clymène n'avaient pas encore eu d'enfants. Alors, en bons catholiques, ils firent une promesse à Dieu : « Si nous avons des enfants, le premier garçon s'appellera Joseph et la première fille, Marie. » Trois ans, après s'être engagés avec la Grâce divine, ils commencèrent à avoir des enfants. Une fois le robinet des naissances ouvert, ils ne voulaient plus la fermer. En tout, ils eurent six enfants. Karina était la cinquième. C'était une bonne position pour elle, car ses parents étaient déjà fatigués de s'occuper tout le temps des enfants et de leur dire ce qu'ils devaient faire ou ne pas faire.

Bien que ses parents eussent été très stricts sur certains points, la vie quotidienne de Karina n'était aucunement sous-pression. Elle se sentait aussi libre qu'un oiseau, profitant des grands moments de son enfance. À cette époque, elle jouait dans la rue avec ses frères et sœurs et ses amis. Elle se promenait avec joie dans les rues boisées de Botafogo, où ils vivaient. À d'autres moments, elle faisait du vélo et du roller. Parfois, elle regardait les garçons jouer au football dans la rue. Il est à noter qu'à cette époque, il n'y avait pas beaucoup de circulation à Rio. De temps en temps, une voiture passait pendant que les enfants s'amusaient dans la rue. Et quand cela se produisait, ceux-ci se précipitaient pour dire : « Attention ! Voilà une voiture qui arrive. » Tout le monde sortait du milieu de la rue, et la voiture passait. C'était une époque où les enfants jouissaient de la liberté de jouer et de marcher dans les rues sans avoir peur. Les parents ne se souciaient pas non plus de l'indépendance de leurs enfants, de sorte que ceux-ci apprenaient très tôt à être responsables d'eux-mêmes. C'était une époque différente, où le danger était rare dans les rues, une période où la méfiance n'emprisonnait pas les relations humaines. Mais le temps passe et les choses changent. Le problème est de les voir s'aggraver sans qu'on ne s'en aperçoive.

Clymène venait d'une famille où de nombreux cousins se mariaient entre eux. En raison de ces mariages au sein de la famille, il y avait quelques membres bizarres. C'étaient des gens qui n'aimaient pas quitter la maison et qui s'enfermaient dans leur chambre pendant des heures. Heureusement, Clymène était une mère spéciale, une fan de l'air libre et une amoureuse de la vie en société. Elle était comme ça surtout parce qu'elle n'avait pas eu une enfance agréable. Très jeune, elle avait dû s'occuper de ses frères.

Elle avait été enfant unique pendant plusieurs années. Sa mère voulait avoir d'autres enfants, mais malheureusement, faisait plusieurs fausses-couches. Enfin, lorsque Clymène eut onze ans, son frère Frederico naquit. Après la naissance de ce dernier, la mère lui demanda de s'en occuper. Trois ans plus tard, un autre frère nommé Vinicio naquit et la besogne n'en finit point.

Ainsi, les meilleurs moments de l'enfance de Clymène précédèrent ses onze ans. Cela se reflétait dans son comportement avec ses propres enfants. Elle ne voulait pas que Karina et ses frères et sœurs fassent quoi que ce soit par obligation dans la maison. Cette façon plus libérale d'élever les enfants dérangeait beaucoup Daisy, la grand-mère de Karina. Elle pensait que la manière permissive dont sa fille élevait les enfants n'était pas bonne du tout.

Pour une raison quelconque, Clymène craignait que ses enfants deviennent comme les autres membres de la famille. Un soir, elle rassembla ses enfants et leur dit : « Vous devriez sortir de la maison, parler à de nouvelles personnes, aller à des fêtes, vous divertir avec les beautés de la nature, profiter de la vie et apprendre à connaître le monde. C'est ça la belle vie, mes chers enfants. » Selon elle, un enfant devrait se lancer à la découverte de l'univers en célébrant les joies de la vie. C'est ainsi qu'elle permit à Karina et à ses frères de jouer dans la rue.

Cette mère était déjà en avance sur son temps dans de nombreux domaines concernant l'éducation de ses enfants. Avec sa façon de voir le bon côté de la vie, elle fit ressortir la joie de vivre et alluma la flamme de la curiosité dans le cœur des enfants, les exhortant à être plus extravertis. Elle était déjà consciente des dégâts que l'isolement social pourrait causer à la santé mentale des jeunes.

Karina avait grandi dans une immense maison à Botafogo. Lorsqu'elle eut vingt-sept ans, ses parents vendirent la maison et déménagèrent à Copacabana. Au fil des ans, Karina prenait plaisir à visiter son ancienne maison familiale et se réjouissait des bons souvenirs qui n'avaient pas quitté son cœur. Elle a toujours su que la meilleure façon de vivre était de savoir garder dans son for intérieur le côté positif de ses expériences. D'autre part, lorsque les faits étaient pénibles, elle savait comment s'affranchir de la douleur physique ou émotionnelle et ne restait qu'avec les leçons de la vie. « Ce n'est qu'en se cultivant avec les expériences du quotidien que l'on apprend à mieux vivre », aimait-elle dire.

Quelques années auparavant, une nuit où les étoiles s'étaient rassemblées près de la lune pour briller avec ardeur, Clymène dit à Karina : « La joie de vivre est une petite flamme que l'on garde dans son cœur. Alors, mon enfant, ne laisse jamais le vent de l'adversité l'éteindre. Cette lumière, qui est en toi, est tout ce qui est nécessaire pour savoir vivre. Tu peux rêver de tout ce que tu veux, mais n'oublie jamais de prendre soin de ta lumière intérieure. » Karina était très jeune à l'époque, mais les mots de sa mère restèrent gravés dans sa mémoire.

Clymène voyait la beauté dans toutes les situations de la vie, qu'elles fussent angoissantes ou joyeuses. C'est pour cela que Karina l'avait toujours considérée comme une maîtresse spirituelle. Son père, Amaro, était également une personne spéciale, bien qu'il fût un peu plus sérieux que la mère. Il était ingénieur civil et travaillait pour le département de développement de la Banque du Brésil. Ce qui était intéressant avec cet emploi était qu'il pouvait choisir de travailler à plein temps ou seulement six heures par jour. Il choisit de travailler de midi à six heures du soir afin de passer du temps avec sa famille dans la matinée.

Les enfants étudiaient dans une école publique dans l'après-midi. De cette façon, la famille profitait des matinées pour aller dans un parc ou à la plage. Après cela, ils déjeunaient et chacun se rendait au travail ou à l'école. Clymène restait à la maison et s'occupait de ses tâches ménagères. Cependant, il arriva un moment où cette femme, ayant consacré toute sa vie à la famille, souhaita travailler comme enseignante. Elle prit donc du courage et partagea son souhait avec Amaro. Étant issu d'une famille traditionnelle de Minas, celui-ci manifesta : « Je n'aime pas cette idée, mais si c'est important pour toi ... ». Ce à quoi Clymène répliqua : « J'ai vraiment

besoin de faire ça. » Amaro hocha la tête d'un air timide et ajouta :
« D'accord ! On va voir où ça nous mène. »

Quelque temps plus tard, elle fut admise par un concours d'enseignant et commença à donner des cours aux adultes dans une école de la banlieue de Rio. Le premier jour d'école, lorsqu'elle rentra chez elle, Amaro lui dit, tout attristé : « Cette situation me rend malheureux. » Clymène regarda son mari avec tendresse et répondit : « Je vais y renoncer, puisque tu es si malheureux. » Ils s'observèrent avec amour et tristesse. Amaro se sentit mal de ne pas soutenir sa femme, qui ne voulait que réaliser son rêve. À ce moment précis, il se retrouva divisé entre les attentes de la tradition et le bonheur de sa femme. Après avoir réfléchi pendant quelques secondes, il parla.

— Je ne veux pas te voir triste à cause de moi. Continue à enseigner à l'école. Mais il y a une chose, à une seule condition.

— Quelle condition ?

— Tu ne pourras pas dépenser ton argent dans la maison. Je suis le seul à subvenir à nos besoins, dit-il.

— Très bien, répondit Clymène avec une grande satisfaction.

Bien qu'il fût une personne spéciale, Amaro ne pensait pas différemment de la conscience sociale de l'époque. La tradition enseignait que seuls les hommes devaient subvenir aux besoins de la famille. Les femmes devaient rester à la maison et s'occuper des enfants. Ainsi, une femme décente était une bonne épouse au foyer, bien éduquée, passive et attentionnée, toujours disponible pour faire plaisir à son mari et répondre aux besoins de ses enfants. À l'époque, cette réalité était considérée comme l'une des principales caractéristiques d'une famille brésilienne typique.

Heureusement, Amaro était un homme de compassion. Il savait se mettre à la place des autres et pouvait ressentir leur tristesse. Il avait également une bonne capacité de perception lorsqu'il était dans le tort, une caractéristique qui le différenciait de ses amis. Il n'hésitait pas à changer d'avis lorsque cela était nécessaire. C'est pour cela qu'il comprît les besoins de sa femme.

Clymène trouva la joie et le contentement à travers les bienfaits de l'enseignement. Au fil du temps, elle devint plus ouverte étant donné qu'elle pouvait converser avec ses collègues de travail. Par conséquent, son monde s'élargit, faisant d'elle une personne plus attrayante. Plus Amaro remarquait ces changements positifs chez sa femme, plus il en tombait amoureux. Ils s'aimaient sincèrement et, avec la simplicité de l'amour, s'occupaient correctement de leurs enfants. Karina et ses frères eurent beaucoup de chance d'être nés dans cette famille.

Ce qui est intéressant dans cette histoire, c'est que même si Karina et ses frères acquirent la même éducation, venant des mêmes parents, chacun d'eux avait sa façon d'être et d'affronter les péripéties de la vie. Une nuit, allongée en silence sur son lit, Karina se demanda ce qui les rendait si différents les uns des autres. Au fil des ans, elle découvrit que les âmes viennent au monde avec leurs bagages respectifs et que chaque bagage diffère d'une âme à l'autre. Certaines d'entre elles naissent comme rois et reines, d'autres, comme serviteurs et esclaves. Au vu de cela, il n'est pas surprenant qu'une personne réfléchie se pose la question de savoir si la Justice Divine coordonne tout ce qui existe ici-bas.

L'emploi idéal

Karina était née à Rio de Janeiro et y avait vécu pendant quarante-huit ans avant de s'installer définitivement au Canada. Bien que Rio soit la Ville Merveilleuse, elle s'y était toujours sentie comme un poisson hors de l'eau.

Rio de Janeiro est connue pour être une ville où les gens accordent beaucoup d'attention à leurs corps physiques, et Karina, depuis qu'elle était petite, avait toujours été très maigre avec un teint pâle. Elle se voyait écartée des idéaux de beauté. Par conséquent, elle essayait à tout prix de se faire bronzer pour avoir l'air plus « normale » et de prendre quelques kilos de plus afin de se sentir acceptée par les garçons, qui à l'époque aimaient les filles plus rondes.

Outre cela, Karina était une personne singulière, car elle était toujours à la recherche de sa vérité intérieure — une habitude largement rejetée par ses amis. Étant naturellement gentille, elle remarquait, en silence, que certaines de ses connaissances la trouvaient naïve pour ne pas savoir tirer profit des situations. Ces personnes-là confondaient l'amabilité avec l'idiotie.

Depuis son enfance, elle ressentait une certaine tristesse qu'elle ne pouvait pas expliquer. Elle sentait un énorme vide dans sa poitrine. Parfois, elle pleurait à l'école et le professeur lui demandait : « Pourquoi pleures-tu ? » Et elle répondait : « Je ne sais pas. » Karina ignorait ce qui lui arrivait. Tout ce qu'elle savait, c'est qu'elle ressentait une énorme insatisfaction au fond de son cœur.

Issue d'une famille catholique traditionnelle, elle allait à l'église tous les dimanches depuis qu'elle était toute petite et communiait très souvent. Mais, à l'âge de quinze ans, elle constata un changement en elle. Elle arrêta d'aller à l'église et mentait à son père lorsqu'il lui demandait : « Es-tu allée à la messe ? » D'un simple hochement de tête, elle répondait : « Oui ! ». Elle pensait qu'il valait mieux pour le bonheur de tous de raconter un petit mensonge que de créer la discorde dans la famille.

Karina avait cinq frères et sœurs, et bien que le salaire d'Amaro fût bon, ça ne permettait pas à la famille de faire quoi que ce soit de plus que les dépenses nécessaires. Les enfants étudiaient dans une école publique proche de leur domicile et pouvaient faire l'aller-retour à pied. Il est intéressant de noter que cette école était située à proximité d'une communauté pauvre. À l'époque, les bidonvilles n'étaient pas des centres de trafic de drogue et certains camarades de classe de Karina venaient de ces communautés. Elle apprit donc à bien se comporter avec les personnes de différentes classes sociales. Dès son plus jeune âge, elle réalisa que tous les hommes sont égaux par essence, et que la possession matérielle et l'apparence physique ne devraient pas définir la valeur d'une personne. Cette intuition sociale a été le premier événement qui a contribué à forger son caractère.

À treize ans, un événement détermina la direction qu'elle allait prendre à l'âge adulte. Un jour, une de ses amies, qui vivait dans la même rue, dit, joyeusement : « Je vais étudier l'anglais à Cultura Inglesa. » Peu après, une autre amie dit : « Je vais demander à ma mère si je peux y étudier aussi. » Karina pensa faire de même. Sans trop d'efforts, et en prenant les cours d'anglais avec plaisir, elle étudia à Cultura Inglesa pendant sept ans, passant l'examen de compétence de l'université de Cambridge, puis obtenant un diplôme de professeure et de traductrice d'anglais et de portugais. Elle utilisa ensuite ses compétences en anglais pour travailler comme hôtesse de l'air internationale. Elle n'a fait cela que pendant cinq ans, et l'interruption de sa carrière d'enseignante lui a servi de passerelle pour la recherche de sa véritable identité. Lorsqu'elle prit sa retraite à quarante-huit ans, le fait de parler couramment l'anglais l'a beaucoup aidée au moment opportun où elle décida de vivre en Australie et plus tard au Canada.

Un autre fait important dans la vie de Karina est que son père Amaro, ingénieur de formation, avait très tôt découvert sa vocation pour la médecine. Mais comme il n'y avait pas d'école de médecine à Ouro Preto, il n'avait pas d'autre choix que d'étudier l'ingénierie. En revanche, son désir de pratiquer la médecine demeura intact durant toute sa vie. Il s'intéressa alors à l'homéopathie, et chaque fois qu'un membre de la famille ressentait une douleur ou un malaise, il consultait un guide d'homéopathie et faisait remplir l'ordonnance dans une pharmacie homéopathique près de chez lui. Karina grandit donc sans antibiotiques ni autres médicaments pouvant provoquer des effets secondaires. Plus tard, à l'âge adulte, elle se remémora toutes les bénédictions qu'elle avait reçues en choisissant de naître dans cette famille.

Parallèlement aux dernières années à Cultura Inglesa, Karina suivit une formation d'enseignante et obtint son diplôme d'enseignante du primaire. À l'âge de dix-sept ans, elle commença à enseigner dans une école publique de Brás de Pina, une banlieue de Rio. Elle aimait enseigner, mais ne s'identifiait pas au rôle de nounou pour les élèves indisciplinés. Un jour, après trois ans d'enseignement, Karina rentra chez elle et dit à Clymène : « Maman, je ne suis pas une enseignante, je suis une martyre ! » Et sa mère lui suggéra sans plus tarder : « Alors, arrête simplement. »

Savoir ce que nous ne voulons pas et ce que nous n'aimons pas est très important quand on veut se mettre au service de la vie et en ce faisant, y trouver du bonheur. C'était ça le premier pas de Karina sur la voie de la connaissance de soi. Peu après avoir quitté ce premier emploi, elle donna des cours de langue comme professeure d'anglais. Les étudiants étaient des adolescents, et le premier jour de cours, elle entendit les conseils d'une petite voix intérieure : « Montre-leur que tu es une amie et non une ennemie. Sois de leur côté. » C'est comme cela qu'elle passa des moments très agréables avec ses élèves pendant ses cours.

Toutefois, s'occuper d'adolescents n'était pas sa tasse de thé. Alors, elle s'engagea à donner des cours particuliers aux adultes. Bien sûr, certains de ces élèves plus âgés avaient beaucoup plus de difficultés à apprendre que les enfants et les adolescents, mais le fait qu'ils payaient de leur poche et avaient une motivation intérieure pesait lourdement. Quel soulagement de ne pas avoir à faire face à l'indiscipline ! Karina a vite compris qu'enseigner était le moyen idéal de gagner son pain, de se faire de bons amis parmi ses élèves et de se réinventer au quotidien.

Carpe Diem

Bien qu'elle eût travaillé comme professeure d'anglais pendant un certain temps, Karina voulait faire l'expérience de la vie quotidienne dans un pays anglophone. Elle estimait que cela permettrait à ses élèves de recevoir de meilleurs cours venant d'elle. En 1972, après quelques tentatives infructueuses, elle profite de ses vacances pour suivre un cours d'anglais à Londres.

Ces tentatives de voyage infructueuses des années précédentes étaient principalement dues au fait qu'elle avait répandu aux quatre coins de sa ville l'endroit où elle allait passer ses vacances. Au jour J, le voyage n'avait pas lieu. Elle décida donc de ne parler à personne et planifia le voyage sans agitation. Et le voyage eut lieu. Certaines personnes pensent que nos plans ne fonctionnent pas à cause du gros œil des envieux. Cependant, Karina savait au fond de son cœur que l'énergie de ses aspirations se dissipait quand elle se mettait à trop parler de quelque chose qu'elle aimerait faire à l'avenir. De cette façon, elle apprit à conserver cette énergie pour chacun de ses plans, en pratiquant la loi du silence.

À l'école de Londres, parmi les élèves venus du monde entier, se trouvait une autre jeune femme brésilienne, Eliana, qui avait besoin de travailler pour subvenir à ses besoins durant son séjour dans le pays. Un jour, elle alla converser avec Karina.

— Salut, Karina ! Je sais que tu peux parfaitement communiquer en anglais et j'ai besoin de ton aide pour trouver un emploi. C'est juste que je ne peux pas parler avec les employeurs. Aurais-tu l'amabilité d'appeler ce numéro et de parler en mon nom ? Tu pourrais leur dire que tu as vu le numéro dans un journal, que ton nom est Eliana et que tu es intéressée par le poste.

— Ok ! Bien sûr ! répondit Karina, sans cligner des yeux.

Elle appela le numéro du journal et parla à une femme qui était heureuse et enthousiasmée par son anglais. Il s'agissait d'un travail au pair, qui consistait à rester dans une maison familiale pour s'occuper d'un enfant et aider à tout ce qui était nécessaire. En échange, elle gagnerait un peu d'argent pour ses dépenses quotidiennes. L'avantage d'être au pair est que l'on n'a pas besoin de dépenser de l'argent pour le logement ou la nourriture.

Julie, la femme qui avait besoin d'une fille au pair, demanda à Karina d'être chez elle le lendemain à dix-sept heures pour un entretien. Karina pensait qu'elle avait fini d'aider Eliana, mais très vite, comprit que ce n'était pas le cas. Celle-ci sollicita : « S'il te plaît ! Viens avec moi, car je ne pourrai pas parler anglais pendant l'entretien. »

Karina ne pouvait pas dire non, donc elles s'étaient toutes deux rendues au rendez-vous. Lorsque Julie ouvrit la porte, elle tomba sur deux personnes et resta surprise. Karina lui expliqua qu'elle ne faisait qu'accompagner son amie qui ne pouvait pas bien communiquer en anglais. Julie leur a gentiment dit : « J'ai besoin d'une fille au pair parce que je passe généralement la journée à m'occuper de diverses choses. Le problème est que je ne peux pas laisser mon fils avec quelqu'un qui ne pourrait pas demander de l'aide dans une situation d'urgence. » Elle se tourna vers Karina et ajouta : « Et toi ? Tu ne voudrais pas être fille au pair ? »

Karina devait retourner au Brésil en mars pour continuer à enseigner l'anglais, mais la petite voix intérieure lui suggéra de poser une question : « Puis-je vous donner une réponse demain ? »

Bien qu'elle eût déjà 25 ans, elle devait encore demander à ses parents si elle pouvait rester plus longtemps à Londres. Elle les appela, et ils lui dirent : « Si c'est ce que tu veux, alors vas-y ! » Elle a donc décidé d'accepter cette expérience que la vie lui offrait. Carpe diem ! Eliana aussi trouva un emploi pour aider un vieux couple. Finalement, tout s'arrangea.

L'homme de la famille où Karina est allée travailler au pair avait vingt-huit ans et sa femme, vingt-sept ans. Ils avaient un fils de deux ans. Ils vivaient dans une banlieue du nord de Londres et avaient également un appartement sur la Côte d'Azur, au sud de la France, dans une ville appelée Juan-les-Pins. En mai de cette année-là, la famille et Karina allèrent passer trois semaines à cet endroit. Tout y était beau. Le parfum des fleurs était enchanteur. Le ciel était clair, et les oiseaux réjouissaient ceux qui y étaient présents avec leurs merveilleux chants. Karina se sentit heureuse de connaître ce lieu spécial où elle avait également l'occasion d'exprimer les quelques mots qu'elle connaissait en français. Pendant qu'elle vivait cette expérience, elle avait une impression de déjà-vu et se demandait le pourquoi de cette sensation.

Au total, Karina resta avec cette famille pendant cinq mois, de février à juin. Durant cette période, elle améliora son anglais et apprit à connaître deux nouvelles cultures, nouvelles au moins dans cette vie-là. En juillet, elle en profita pour suivre une formation de professeur d'anglais à Londres avant de retourner dans son pays, se sentant ainsi mieux préparée à reprendre les cours.

Lors du vol de retour pour le Brésil, l'équipage qui servait le dîner aux passagers attira son attention. Ils avaient tous l'air en bonne santé, et il était facile d'imaginer la vie glamour qu'ils menaient en volant de ville en ville partout dans le monde. « Mince ! Ça doit être sympa d'être hôtesse de l'air », pensa-t-elle. Cela semblait être un souhait passager. Pourtant, il se réaliserait plus tard.

À Londres et sur la Côte d'Azur, Karina s'était sentie comme chez elle, mais après s'être rendue à Rio, le sentiment de vide dans son cœur et la sensation d'être un petit poisson hors de l'eau refirent surface dans son existence. La vie de plage et d'autres divertissements lui semblait superficiels. Néanmoins, elle savait que tôt ou tard, elle finirait par trouver un mode de vie qui la satisferait.

Entre-temps, Clymène s'inquiétait pour sa fille. Elle pensait que Karina traversait un moment de dépression et décida donc de l'emmener chez un médecin. Celui-ci lui prescrit des médicaments, et peu de temps après les avoir pris, la vie paraissait revenir à la normale.

Un jour, alors que tout semblait aller bien, Karina analysa : « Si ces médicaments peuvent me rendre heureuse comme ça, il doit y avoir quelque chose d'autre qui puisse me procurer un tel plaisir. » Du jour au lendemain, sans l'approbation de sa mère, elle cessa de prendre ses remèdes et se mit à chercher cette chose dont elle ignorait le nom, mais dont elle connaissait la présence dans un lieu inconnu.

Ce moment particulièrement difficile pour elle était, en effet, le commencement de son existence intérieure. Eh bien, voyez-vous, il y a deux façons de voir un obstacle sur le chemin de la vie — cela peut être la fin du voyage ou l'occasion de tout recommencer. Et ce fut le début d'une vie pleine d'aventures spirituelles pour Karina.

Le détachement

Plusieurs choses changèrent dans la vie de Paulo depuis qu'il avait connu Karina. Après leur première rencontre, il arrangea son appartement, alla au supermarché et fit des achats. Il arrêta d'aller aux restaurants pour manger, commença à cuisiner à la maison et était de plus en plus émerveillé par ses propres mets.

Entre-temps, chaque matin, il se rendait à la plage et s'asseyait sur le même banc, en espérant que Karina apparaisse. Quand ils s'étaient dit au revoir le jour de leur rencontre, Karina avait simplement dit : « À la prochaine ! » Quant à Paulo, il n'avait pas eu le courage de demander quel serait le jour de leur prochain rendez-vous. Mais au fond, il sentait qu'il y avait un lien entre les deux et qu'il n'avait pas besoin de forcer les choses. Il savait qu'il lui suffisait de continuer à aller à la plage et d'attendre qu'elle vienne le rencontrer.

Un jour, lorsque les pluies espacées du matin avaient rendu le reste de la journée plus florissant, il décida d'aller à la plage l'après-midi. Là était l'azur de la mer, immense comme l'infini. Les rayons du soleil caressaient la peau de Paulo, mais ne la brûlaient pas. Le septième jour d'attente, assis sur le banc, il observait les gens qui passaient. Il ne savait pas comment, mais, il se souvint de son cousin Diego. Puis, il sentit que sa nouvelle amie était dans les parages. Il venait d'y penser quand, soudain, Karina apparut.

— Bonjour, Paulo ! Ça va ?

— Oui ! Et toi ?

— Les choses avancent comme d'habitude, dit Karina, avec un air gai. Qu'as-tu à me dire aujourd'hui ?

— Pas grand-chose. C'est juste que je me rends compte que nous sommes très attachés à nos proches. Il est donc difficile de se résigner à leur passage dans l'au-delà. Je pense ne pas savoir comment accepter la mort de mon cousin.

— Quelle peine ! Voudrais-tu en parler ?

— Oui, bien sûr ! Il s'appelait Diego. Il s'est toujours réjoui de la vie. Il n'a jamais perdu le sourire en aucune situation. Ma tante disait qu'il était la lumière de la maison. Et je peux t'assurer qu'elle avait raison, parce que maintenant je me souviens qu'il faisait tout son possible pour que personne ne soit triste autour de lui. Vu que je suis fils unique, je le considérais comme un frère. J'aimais être avec lui pour qu'on puisse jouer. La seule chose que je n'aimais pas, c'était de marcher à côté de lui. Il était élancé de presque 2 mètres, et moi, 1,70 m. Je détestais ça, dit Paulo en souriant. Quand je lui rendais visite, nous jouions et faisions des bêtises chez lui. J'étais Astérix, et lui, Obélix. J'étais le patron et lui, l'exécuteur, mais, nous étions les seuls à savoir de mon autorité, car tout le monde pensait autrement. De toute façon, nous faisions beaucoup de bruit. Nos blagues étaient toujours joyeuses et explosives. Je n'oublierai jamais cela. Nous avons fait tellement de choses, des conneries et des sottises de toutes sortes. Nos mères n'arrivaient pas à nous retenir. Ah ! Ce fut une belle phase de ma vie !

Karina écoutait, affairée. Paulo ne parlait pas avec tristesse. Les souvenirs de son cousin réjouissaient son cœur, mais il l'ignorait. Il fit une brève pause et continua.

— Il s'avère qu'à 15 ans, Diego alla faire du vélo un jour de pluie. Je me rappelle qu'il aimait rouler à vive allure. En fait, il essayait de ressembler à ses parents, qui ne vivaient que dans la précipitation. À un carrefour du quartier où il habitait, le pneu avant du vélo heurta une pierre et glissa. Diego tomba, écrasant la tête sur le bitume. Son agonie ne dura pas longtemps. Ce fut ainsi qu'il disparut. Au moins, sa mort fut aussi rapide que l'éclair, ce qui l'a épargné une certaine souffrance. Bien sûr, nous avons tous été attristés par cet événement. Tu peux imaginer le chagrin des parents qui pleurent leur fils aîné. Ils avaient placé de grands espoirs en lui. Ils étaient en état de choc et essayaient de comprendre comment il était possible de perdre leur garçon si soudainement. C'est intéressant de voir comment la vie nous surprend ! Le jour de demain reste un mystère pour tous autant que nous sommes, mais ça, je pense que Diego le savait. Ça doit être la raison pour laquelle il a vécu heureux et est parti sans souffrir. Le lendemain, toute la famille s'est réunie. Il avait déjà été enterré. Et tout le monde se livrait aux lamentations, tous assis sur les chaises qui entouraient sa photo. Sur celle-ci, on pouvait voir un éternel sourire sur ses lèvres. Je pense que personne n'a vraiment prêté attention à la joie qui émanait de ce portrait. Tout le monde pleurait jusqu'à ce qu'il n'y ait plus de larmes à verser. Je me suis mis dans un coin de la pièce et j'ai caché mon visage. En fait, je ne pleurais pas et je ne voulais pas qu'on le remarque. Je crois que les larmes étaient restées dans mon cœur à tel point que je mourais à petit feu dans mon for intérieur. Encore aujourd'hui, je garde les marques de cette perte sous la peau. Je ne peux l'oublier. Ah ! Comme il est difficile d'oublier les choses de la vie, qu'elles soient douloureuses ou revigorantes. Ce jour-là, il s'est passé quelque chose de pas très agréable pour nous tous. Mes oncles en veulent encore à mon père jusqu'à présent. Les années passent, mais les mécontentements, imperturbables et insistants, demeurent difficiles à apprivoiser. Voici le problème : Alors que mon oncle était en deuil, totalement livré au dépérissement de l'esprit, mon père, en bon pasteur, entra dans la pièce où tout le monde pleurait. Imprégné de la conviction de sauver l'homme de sa souffrance, il s'adressa à mon oncle, la Bible à la main, en récitant quelques versets sur le pardon divin. Ainsi essayait-il de consoler son frère. Celui-ci, étant déjà très secoué par ce qui s'était passé, ne voulait pas louer Dieu. Pour aggraver les choses, il Le blâmait pour sa perte récente. Après avoir écouté mon père prononcer quelques parties du « verbe divin » avec acharnement, mon oncle s'éloigna de lui et vociféra : « Il est beaucoup plus facile de prêcher le pardon quand la tragédie se trouve hors de nos vies. Et si c'était ton fils ? As-tu pensé à cela ? » Mon père se tut, ferma la Bible et s'en alla. « Et à qui la faute ? C'est Lui qui donne, c'est Lui qui reprend », bafouillait-il en s'éloignant. Ce fut la dernière fois que ces deux hommes se sont parlés. Je vais jusqu'à penser qu'ils n'en éprouvent aucun regret. C'est ainsi que la rancœur et la fierté l'emportent sur l'amour. Cela arrive à tout le monde, y compris les bons hommes de Dieu. Il me semble que personne n'est à l'abri des émotions qui ruinent les relations humaines. Mais c'est comme ça ! Vivre, c'est aussi apprendre à faire des erreurs ! Durant les jours qui ont suivi la mort de mon cousin, chaque fois que je rendais visite à mon oncle, je sentais qu'il n'était pas content de me voir. Il exprimait une certaine hostilité à mon égard, comme si c'était normal d'être méchant avec son neveu. À travers son regard accusateur, il semblait se demander pourquoi j'étais encore en vie et pas son fils. Il s'était recroquevillé dans son deuil et ne pouvait noter que d'autres personnes en souffraient également. Il ignorait aussi que j'avais conseillé à Diego de rouler plus lentement à vélo. Cependant, je ne pense pas que cela aurait changé le cours de sa vie. Après tout, personne n'échappe à la mort lorsqu'elle survient.

À ce moment-là, Paulo eut une perception et la partagea avec Karina. « Ah ! j'ai enfin trouvé quelque chose de plus grand que la mort », dit-il, sereinement. « Quoi ? », demanda Karina, toute curieuse.

— J'aimais beaucoup mon cousin. La mort me l'a enlevé, mais mon amour pour lui n'a pas changé du tout. La vérité est que cela est devenu encore plus intense. Diego a toujours été important pour la famille. Il était comme une lumière dans nos vies. Il nous aidait dans tout ce dont nous avions besoin. À ses côtés, personne ne s'attristait, car il savait les mots qui réjouissaient nos cœurs. Pendant les vacances, nous avions l'habitude de jouer au ballon à la plage de Leme. Lorsque l'un de nous marquait, nous criions de joie et écoutions les vagues de l'océan qui rugissaient, elles aussi, de bonheur. La partie terminée, il se tenait devant la mer et souriait. Tout cela était beau à voir. À l'époque, nous faisions tout ensemble. C'est pour cela qu'il est difficile de ne pas l'avoir dans les parages. Des années après sa mort, j'ai interrogé mon père sur la mort soudaine de Diego. La bonne réponse lui faisait défaut, alors il répondit : « Tout dans la vie se passe au nom de la grâce divine. C'est Dieu qui donne. C'est encore Lui qui reprend. » J'ai donc répliqué : « S'Il sait déjà qu'Il la reprendra, pourquoi la donne-t-Il en premier lieu ? » Mon père se tut, puis ouvrit la Bible. Même s'il était un grand pasteur, il avait, lui aussi, besoin des bonnes réponses. Ce fut l'un des premiers moments où j'ai commencé à douter des doctrines religieuses. Je ne renie ni Dieu ni Jésus. Je sais simplement que les hommes ne connaissent pas la totalité des choses.

Karina prit finalement la parole.

— Tu sais, ton père a agi en fonction de son niveau de conscience. Au lieu d'être frustré par ses limitations, tu devrais considérer l'effort qu'il ait fait pour essayer de te répondre. Il est difficile de trouver un être qui a les bonnes réponses à toutes les questions, quel qu'il soit. Mais le plus important, c'est de pouvoir se délivrer des attaches que nous nous créons. En ce qui concerne ton cousin, il est impossible de le revoir ici-bas. Cela étant, il est peut-être temps de te libérer de cette attache dans ton esprit. Et ne t'inquiète pas, car dans ton cœur, il restera pour toujours. L'amour est le fleuve éternel qui coule et ne s'arrête jamais. C'est bien pour cela qu'il est infini.

— Hum…, intéressant.

— Merci.

Ce jour-là, Karina ne dit pas grand-chose. Il faut parfois s'oublier pour prêter attention à ceux qui ont besoin de se défouler, de pleurer ou simplement d'être écoutés. Karina le savait, et donc avec amour et patience, elle écouta ce que Paulo avait à dire. Son téléphone vibra soudainement. On aurait dit qu'elle avait quelque chose à faire ailleurs. Avant qu'ils ne prissent congé l'un de l'autre, elle suggéra : « Paulo, maintenant, je dois y aller. Mais mardi prochain, j'ai l'intention de faire une promenade dans le parc Lage. Aimerais-tu y aller ? »

— Bien sûr ! Excellente idée !

— Neuf heures du matin, c'est bon pour toi ?

— Oui ! C'est d'accord !

Karina partit. C'était déjà le coucher du soleil. La mer était sereine. Ses vagues vacillaient avec suavité. Paulo, dans son esprit, imagina son cousin debout devant la mer. Toujours dans sa douce rêverie, il se leva du banc, rejoignit Diego, le serra dans ses bras et lui dit « adieu ! » pour de bon. À ce moment précis, au fond de son cœur, il se détacha de l'idée de la perte. D'autre part, il n'arrêta pas d'aimer son cousin. En effet, maintenant, il a compris que le vent de la mort ne peut pas éteindre la flamme d'un amour sincère.

Voler haut dans le ciel

Après son retour au Brésil, Karina continua de chercher ce dont elle avait besoin pour se sentir pleine et heureuse. Après une phase où elle fut étiquetée comme dépressive, elle connut le ciel d'une manière peu ordinaire à l'époque, principalement pour ceux qui viennent des familles traditionnelles.

Un jour, alors qu'elle prenait son petit déjeuner à la maison, elle prit le journal et y vit une publicité d'une compagnie aérienne allemande qui était à la recherche d'hôtesses de l'air brésiliennes. L'annonce disait : « Nous aimerions employer des hôtesses brésiliennes pour aider les passagers d'Amérique latine pendant les vols. La base sera à Rio, et les candidats doivent parler portugais, espagnol et anglais. Il n'est pas nécessaire de parler allemand. » Cette compagnie aérienne avait besoin de commissaires de bord brésiliennes pour attirer les passagers qui ne pouvaient pas communiquer avec l'équipage par faute de connaissance de l'allemand et de l'anglais.

Au moment où Karina posa les yeux sur l'annonce, elle se souvint des hôtesses de l'air qu'elle avait vues sur son vol de retour d'Angleterre. Elle se réjouit de ce souvenir et pensa : « Hmm ! Pas mal ! » Sans plus tarder, elle décida de prendre des dispositions pour travailler dans cette entreprise. Elle savait que ses parents n'approuveraient pas cette idée. Ils réagiraient certainement de façon négative. Dans les années 1970, une hôtesse de l'air était synonyme de prostituée au Brésil. Karina choisit donc de faire ce travail, suivant son cœur et agissant en silence.

Quelques jours plus tard, elle fut appelée pour l'entretien. Comme un brave chevalier partant à la guerre, elle se prépara bien, surtout en termes d'apparence. Une de ses amies lui prêta une magnifique robe, une autre lui mit une belle montre au poignet. Elle s'était donc rendue à l'entrevue, toute charmante et éblouissante. Elle fut informée qu'il y avait quatre-vingt-cinq candidats pour quinze postes vacants, mais elle savait que ce qui devait arriver, arriverait de toute manière. Ainsi, ayant fait sa part des choses pour se présenter de la meilleure manière possible, elle abandonna son inquiétude et laissa l'univers s'occuper du reste.

À partir de ce jour-là, elle commença à percevoir une interaction entre elle et elle-même. C'était une amitié engagée entre elle et son cœur, une conversation continue dans laquelle, la voix intérieure lui dictait ce qu'elle devait faire. Bien que cette relation interne ait toujours existé dans son for intérieur, elle ne la réalisa qu'à ce moment-là. La perception de cette guidance intérieure symbolisait le début d'une expérience spirituelle intime, une initiation sur le chemin de la vie. Cette voix suave comme la rosée et douce comme le miel commença à l'accompagner partout où elle allait. Par la suite, elle finit par l'appeler « Maître intérieur ».

Chaque fois qu'elle écoutait le Maître intérieur, Karina, libre comme une âme comblée, se rassérénait, que ce soit dans les moments d'adversité ou de joie. Ce Maître était toujours avec elle, à chaque instant, en pensée, en action ou inaction. Contrairement à ceux qui laissent leurs vies guidées par la peur, elle prenait des décisions en accord avec la sagesse intérieure, l'intelligence du cœur.

Quelques jours après ce premier entretien, elle reçut un appel de la compagnie aérienne, l'invitant à un second rendez-vous. L'embaucheur lui dit : « Karina, nous avons déjà choisi quatorze jeunes femmes, et tu seras la quinzième. Cependant, le résultat de ton test psychotechnique montre que tu es une personne quelque peu introvertie. Dans ce cas, tu devras essayer d'être plus extravertie. » Karina rassura immédiatement le recruteur : « Je le ferai sans faute. » Étant donné qu'elle devait suivre une formation en Allemagne, elle annonça la nouvelle à ses parents. Clymène sourit, préférant le silence aux mots. Amaro, sachant qu'il ne pouvait rien faire contre la décision, qui avait déjà été prise, remarqua : « Oh, ma fille ! Allant de professeure d'anglais à hôtesse de l'air, tu marches à reculons ! ». Karina lui répondit : « Je sais, papa, mais je veux juste connaître un peu du monde. Je ne le ferai que pendant quelques années. » Tandis que Karina souriait, Amaro cachait son mécontentement. Quelques secondes passèrent, et ne pouvant plus résister au sourire de sa fille, il fut conquis par la nouvelle. Karina le regarda e ajouta avec affabilité : « Rassurez-vous, papa ! Un jour, j'enseignerai à nouveau l'anglais. »

À cette époque, elle se sentait épanouie en tant qu'enseignante, mais en dehors de cela, elle aimait aussi l'idée de voyager dans différents pays et de connaître d'autres cultures. L'échelle des valeurs de la plupart des cariocas ne correspondait pas beaucoup à la sienne, et elle savait intuitivement qu'avec cette expérience de rencontre avec d'autres personnes et cultures, elle aurait un contact avec des valeurs de vie qui seraient un peu plus congruentes à ce qu'elle cherchait.

Il y avait une situation plus ou moins embarrassante avec les Allemands dû à un petit choc de cultures. Il s'avère que les hôtesses brésiliennes aimaient sourire et parler à tout le monde tandis que les hôtesses allemandes, étant plus réservées, gardaient leur distance. Raison pour laquelle les passagers bavardaient plus avec les Brésiliennes. Dans un contexte pareil, la jalousie conquit très rapidement l'atmosphère de travail. Certaines d'entre les hôtesses allemandes affichaient une attitude quelque peu arrogante envers les Brésiliennes. Bien que ce ne fût pas un contexte confortable, Karina apprit à se fortifier dans les situations difficiles. Elle arriva également à la conclusion que cette animosité culturelle résultait probablement d'un karma créé dans le passé, dans cette vie-là ou dans d'autres.

Les vols en Amérique du Sud partaient toujours de Rio, à destination de São Paulo, Montevideo, Buenos Aires, Santiago du Chili, Lima, Bogota et Caracas. À d'autres moments, Karina travaillait sur des vols allant dans l'autre sens, vers l'Europe, via Dakar, la capitale du Sénégal, et Casablanca, au Maroc. D'autres vols allaient de Francfort à New York, pour revenir au Brésil via les autres pays d'Amérique du Sud. Chaque escale mensuelle durait une quinzaine de jours.

Le travail à bord était exténuant, surtout parce que les vols vers l'Europe étaient nocturnes. Après chaque voyage, Karina ne faisait que dormir. L'avantage de ce travail était qu'en raison de la faible fréquence des vols, elle ne travaillait en moyenne que cinquante heures par mois. Ainsi utilisait-elle son temps libre pour apprendre l'allemand, le français et améliorer son espagnol. Une de ses collègues parlait déjà couramment toutes ces langues. Et un jour, Karina pensa : « Si elle peut le faire, je le peux aussi. » C'est incroyable le pouvoir d'avoir autour de soi des gens qui donnent l'exemple. Toujours animée par la curiosité, elle perçut une grande beauté dans l'art de communiquer avec des personnes de différentes parties du monde.

Elle aimait beaucoup ce style de vie glamour, faisant du tourisme, entretenant des amitiés qu'elle avait nouées dans divers endroits et apprenant d'autres langues. Néanmoins, il lui manquait encore quelque chose pour combler le vide dans son cœur. C'est alors qu'elle apprit une technique de méditation qui lui permettait de se rendre dans son univers intérieur, notamment dans le temple situé au cœur même de son être.

Après sa première méditation, elle fut fascinée par le sentiment de paix que cet exercice lui avait procuré. Comment quelque chose d'aussi simple avait-il pu lui prodiguer une telle satisfaction et une si grande joie intérieure ? Des années plus tard, elle comprit que le vide dans son cœur, qui la dérangeait tant, n'était rien d'autre qu'elle-même, comme une âme qui souffre le manque de Dieu. Et ce genre de méditation était une étape très importante pour trouver Dieu en son for intérieur. Pour y arriver, elle n'eut pas besoin d'aller dans un temple physique érigé par les hommes. C'était aussi simple que cela !

Karina avait prévu de travailler pour la compagnie aérienne pendant deux ans. Ces deux années passèrent très vite, et elle ne se voyait pas mener sa vie d'avant à Rio. Ce fut un moment difficile, car elle ne voulait pas quitter ce genre d'occupation. Au fil du temps, elle développa une addiction aux voyages, et le simple fait de penser à vivre de nouveau à Rio lui serrait le cœur.

Au fond, elle se disait que rentrer chez elle n'était pas une bonne chose pour sa quête spirituelle. Mais bientôt, elle reçut une orientation du Maître intérieur. Un jour, alors qu'elle faisait un bref séjour à Francfort, elle décida d'aller à Londres, puisqu'elle en éprouvait une grande nostalgie. Arrivée là-bas, elle pensa : « Ce serait tellement bien de passer plus de temps ici. » La petite voix intérieure ou mieux encore le Maître intérieur lui suggéra immédiatement : « Eh bien, tu n'as qu'à arrêter de voler haut dans le ciel et revenir vivre à Londres. » C'est ainsi que l'aventure en tant qu'hôtesse de l'air s'acheva, faisant de la place aux évènements futurs.

Un métier comme tout autre

Peu de temps après avoir quitté la compagnie aérienne, Karina retourna à Londres. Dès son arrivée, elle décida de se rendre dans une agence pour trouver de l'emploi, et là, on lui dit : « Vous cherchez un travail au pair, mais nous avons quelque chose de plus intéressant pour vous. Aimeriez-vous être une femme de chambre dans un petit hôtel des Quakers, le Penn Club ? ». Karina était satisfaite de l'offre, car l'hôtel se trouvait en plein centre-ville, à Russel Square, près d'Oxford Street. C'était un travail à temps partiel et elle pouvait utiliser l'après-midi et le soir pour étudier, se promener et faire ce qu'elle voulait.

Le lendemain, elle appela ses parents pour leur annoncer la nouvelle. Amaro répondit à l'appel, et elle lui dit : « Papa, je vais travailler comme femme de chambre dans un hôtel ici à Londres. C'est ce que j'ai trouvé pour le moment. » Le père manifesta son étonnement : « Comment ? Travailler comme femme de ménage ? Mon enfant, si tu décides vraiment de le faire, personne ne devrait le savoir. » Pour lui, ce serait une grande honte si ses amis et sa famille découvraient cette « horrible chose ». Au Brésil, il existe des préjugés sur certains types de travail, en particulier dans les familles des classes moyennes et supérieures. Après avoir écouté son père, Karina répliqua : « Quelle absurdité de penser ainsi, papa ! C'est un métier comme tout autre. »

Pendant son séjour à Londres, quand son papa lui écrivait des lettres, il commençait toujours avec ironie : « Ma chère fille de chambre ! » Karina savait qu'il lui était difficile d'avaler cette situation et de l'accepter sans rien dire. Nonobstant la résistance du père, elle continua de suivre son cœur, en faisant ce travail qui la rendait heureuse.

Le personnel du Penn Club était principalement composé d'étudiants d'anglais venus du monde entier. Il y avait Michiko du Japon, Igor de la Russie, Ana de l'Italie et d'autres jeunes de divers pays. C'était parfait pour Karina parce qu'elle avait toujours voulu être contact avec des personnes de cultures différentes. Son travail consistait à nettoyer les chambres et les salles de bain du troisième étage. Cela durait quatre heures, et elle faisait de son mieux. Elle savait qu'elle ne pouvait pas atteindre la perfection, car sur le plan physique, il n'y a point de perfection. Néanmoins, elle accomplissait sa tâche avec beaucoup d'amour. Et en le faisant, elle recevait souvent des compliments des clients de l'hôtel et se liait même d'amitié avec eux.

Pendant son temps libre, elle participait à diverses réunions de groupes spirituels à Londres. Elle estimait que le temps était venu de faire un pas en avant sur le chemin de la spiritualité. Elle se disait qu'il devait y avoir quelque chose qui la pousserait encore plus loin dans sa quête de retour à Dieu. Elle fréquenta donc les groupes du bouddhisme, de la Rose Croix et bien d'autres, mais son cœur lui disait que ce n'était pas ce qu'elle cherchait.

Cette expérience à Londres ne dura que quelques mois car Clymène tomba malade, et Karina dut retourner à Rio pour la soutenir. Heureusement, après l'opération chirurgicale, Clymène recouvra la santé, et la vie suivit son cours normalement. Karina recommença à enseigner l'anglais et, sporadiquement, donnait également des cours de portugais aux étrangers.

Quelques années passèrent, et en dehors de ses cours de langue et de sa vie spirituelle, Karina eut des relations amoureuses. La plus importante d'entre elles fut avec Roberto, un de ses étudiants d'anglais qui, à l'époque, se séparait de sa femme. C'était un homme spécial, mais comme rien n'est parfait ici-bas, la relation ne dura que quelques années à cause de ses enfants. Ceux-ci donnaient l'impression de vouloir posséder leur père, comme si ce dernier était une chose. Ainsi pensaient-ils que Karina cherchait à leur ôter ce qui leur appartenait. Un beau matin, le Maître intérieur interrogea Karina : « Veux-tu demeurer dans cette animosité toute ta vie ? » Comme l'harmonie et l'amour étaient des priorités pour Karina, ce fut le début de la fin. Elle se sépara de Roberto, et chacun suivit son propre chemin, probablement parce qu'ils avaient déjà accompli le karma qui les avait unis.

Quelques années après, avec le sentiment de mission accomplie à Rio, la volonté de voyager réapparut dans la vie de Karina. Lorsqu'elle prit sa retraite à quarante-huit ans, elle décida de quitter de nouveau le Brésil. Elle voulait changer d'air. Mais ce n'était pas la seule raison. Il faut rappeler que ce désir de vivre hors du Brésil était dû au fait qu'elle se croyait être la réincarnation de son arrière-grand-mère anglaise. C'est peut-être cela, la raison pour laquelle elle se sentait à son aise dans les pays anglophones.

Un jour, en se promenant sur la plage de Copacabana, elle aperçut un garçon dont le T-shirt portait le nom d'un pays : « AUSTRALIA ». Le Maître intérieur confirma que c'était là qu'elle vivrait sa prochaine aventure.

La jeune femme du café

Un matin, quelques jours après avoir rencontré Karina, Paulo se réveilla ravi. Ce qui le tira du sommeil fut la sonnerie du téléphone. Il venait de recevoir un [Salut] timide de Vanessa, son amie du Café Sorriso. Ils se connaissaient depuis des années, mais Paulo n'avait jamais reçu de message de sa part. Il ne lui avait pas non plus écrit.

Pendant que certains disent qu'un problème ne vient jamais seul, d'autres affirment qu'une bénédiction n'est jamais seule. Dans cette période de la vie de Paulo, des bénédictions étaient venues, que ce soit par l'intermédiaire de Karina ou de Vanessa. Même s'il ne le savait pas, il était sur le point de profiter des délices de la bonne fortune.

Paulo prit son téléphone portable, lut le message et, avant de répondre, se souvint de comment il avait rencontré Vanessa.

Un matin, il y avait de cela quelques années, Paulo était dans son bureau au quinzième étage d'un immeuble d'Ipanema. De là, il observait le coin de la rue. En bas, un nouveau café ouvrait ses portes. Il y avait un snack-bar à ce même endroit, et il semblerait que le propriétaire l'aurait vendu à une jeune femme. Certaines personnes du bureau affirmaient que celle-ci avait volontairement quitté la fonction publique. C'est tout ce que Paulo savait, car il n'aimait pas les commérages. Sérgio, son patron, en passant dans le hall, s'arrêta et lui parla de l'extérieur.

— Le nouveau café est agréable, la propriétaire l'est encore plus. On dit qu'elle était fonctionnaire à la Cour de Justice de Goiania.

Paulo sourit. Sérgio n'attendit pas sa réponse et partit. Le lendemain, Paulo alla au café. Il y arriva tôt, à sept heures et demie du matin. Le Café Sorriso n'était pas encore ouvert aux clients, mais il entra quand même et s'assit près du comptoir. Dans l'établissement, il n'y avait que lui et une employée qui faisait le ménage. Elle nettoyait les tables, rangeait le comptoir et préparait le café. Elle faisait mille choses à la fois, et Paulo l'observait, stupéfait. Elle avait l'air d'une femme forte et indépendante. Courageuse, elle fut la première à parler.

— Bonjour ! Vous désirez quelque chose ? dit la jeune femme, joyeuse comme un sourire.

— Je passerai ma commande dans quelques instants. Merci !

En réalité, Paulo ne voulait rien d'autre que de rencontrer la propriétaire du lieu. Dans son imagination, il voyait une grande dame, élégante et charmante. Assis près du comptoir, il regardait attentivement la porte de l'entrée principale, espérant que la femme de sa rêverie l'ouvrit. Ses attentes furent longues, car celle-ci tardait à venir.

À un moment donné, il se mit à observer la jeune femme qui s'occupait des affaires du café. Apparemment satisfaite de son travail, elle avait un sourire au bout des lèvres et semblait sereine et heureuse. Derrière le comptoir, on pouvait la voir bouger comme une poupée. Paulo la regarda discrètement. Et c'est à cet instant-là qu'il réalisa qu'elle était belle, peut-être encore plus que l'image préconçue qu'il avait faite de la supposée propriétaire du café. Dans l'établissement, les meubles étaient peints en bleu, tout comme les yeux de la jeune femme. Son regard ressemblait à un océan d'amour, et Paulo s'imagina nager dedans pendant quelques secondes.

Faute de chance, cette ravissante employée n'était pas la personne que Paulo recherchait. Toute sa curiosité portait sur l'identité de la propriétaire des lieux. Quoi qu'il en soit, la jeune femme du café était une personne ouverte. Cet ainsi qu'elle abordait divers sujets de conversations avec le client matinal même si ce dernier se montrait réticent.

Ce qui est intéressant dans tout cela, c'est que même si Paulo ne voulait pas beaucoup parler, elle lui retirait les mots de la bouche sans grand effort. En plus d'être belle, elle était charismatique et semblait être le genre de personne que rien n'arrête quand elle veut quelque chose. En seulement quelques minutes, elle connut presque toute la vie de Paulo bien que ce dernier se maintînt réservé pendant la conversation. En revanche, il ne sut rien d'elle et n'essaya pas non plus de le savoir. Pour lui, elle n'était que l'employée sympathique du nouveau café du coin.

Paulo ne demanda pas de tasse de café, mais elle la lui offrit. Il la remercia avec un sourire, cachant dans son cœur la déception de ne pas avoir rencontré la propriétaire de l'endroit. Il prit le café, paya l'addition et s'en alla. À ce moment-là, d'autres clients entraient déjà dans le Café Sorriso. Petit à petit, l'endroit se remplissait.

Les autres jours de la semaine furent ainsi — Paulo arrivait au café à 7h30 et y restait jusqu'à 8h00, heure à laquelle son bureau ouvrait. Il faisait cela dans l'espoir de rencontrer la propriétaire du café, ce qui ne fut pas le cas. Le lundi de la semaine suivante, il se présenta au café après huit heures. Il était fatigué d'arriver tôt et d'être frustré. « Comme le café lui appartient, elle devrait arriver plus tard », pensa-t-il ce jour-là.

Quand il arriva sur les lieux, l'endroit était déjà plein de clients, et maintenant, il y avait deux autres jeunes femmes en plus de celle qu'il avait l'habitude de voir. Il s'approcha d'une des nouvelles filles et lui demanda : « Puis-je te poser une question ? »

— Bien sûr ! répondit-elle.

— La propriétaire du café ne vient jamais par ici ? Je voulais la féliciter pour le café si délicieux.

— Elle va adorer ! C'est elle là-bas, près du comptoir.

Paulo se retourna et tomba sur la même femme qui l'avait servi tous les jours pendant la semaine précédente. Il éprouva un bref moment de gêne parce qu'elle avait souvent essayé de lui parler et qu'il n'avait jamais été agréable avec elle. Il ne se souciait que de rencontrer la propriétaire des lieux, qui n'existait que dans son imagination. Ce matin-là, il prit le café et partit discrètement. La serveuse à qui il avait parlé fut surprise qu'il soit parti sans parler à la cheffe.

Le lendemain, Paulo arriva au café à son heure habituelle. La jeune femme du café était déjà en train de nettoyer et de ranger l'endroit comme d'habitude. Paulo la salua gentiment l'invitant à causer un peu.

— J'ignorais que vous étiez la propriétaire du Café Sorriso.

— Tu peux me tutoyer comme tu le faisais avant, répliqua-t-elle sans tarder.

— Je comprends ! Je voulais m'excuser si j'ai été un peu grossier la semaine dernière. Je ne savais pas que tu étais la patronne.

— Sans rancune, mon ami ! Elle hésita un peu. Puis-je te dire quelque chose ?

— Oui, bien sûr !

— Je m'efforce de toujours bien traiter les gens sans savoir qui ils sont ou ce qu'ils font. C'est une posture qui rend la vie plus douce. Tu ne penses pas ?

— C'est vrai ! Tu sais, je fais partie de ceux qui font les choses sans trop réfléchir.

— Ce n'est pas grave. Je suis comme ça de temps en temps aussi.

Ils rirent bien tous les deux. Ils semblaient apprécier la conversation. La jeune femme oublia même qu'elle devait s'occuper de certaines choses avant l'ouverture du café. Paulo poursuivit :

— On m'a dit que tu avais travaillé comme fonctionnaire d'État. D'autres disent que tu étais juge du droit.

— C'est plus ou moins ça ! dit-elle avec ironie. J'ai été l'assistante d'un juge pendant de nombreuses années. Mais ce que j'aime vraiment, c'est de pouvoir servir du café aux inconnus.

— Les gens inventent des choses, n'est-ce pas ?

— En fait, aucun client ne m'a jamais demandé ce que je faisais, dit-elle, un peu déçue.

— J'imagine. Maintenant, j'ai une curiosité. Pourrais-tu me dire ce qui t'a poussée à appeler cet endroit de Café Sorriso ?

— Là où je travaillais, les gens disaient que je n'avais jamais le visage fermé. Ils me donnèrent alors le surnom de « Sorriso », un mot portugais qui veut dire « sourire » en français. C'est ainsi que lorsque j'ai enfin ouvert le café de mes rêves, j'ai pensé à ce nom.

— Félicitations ! Tu as dû avoir beaucoup de courage pour tout laisser tomber et te consacrer à ce qui te rend vraiment heureuse.

— Merci, mais ce n'était pas si difficile que ça, déclara la jeune femme, d'un air jovial.

— Je pense aussi que tes collègues de la Cour ont raison. Je viens ici depuis plus d'une semaine maintenant et je ne t'ai jamais vue froisser visage.

— Tu n'as qu'à m'agacer et tu verras le contraire, dit-elle avec sarcasme.

Alors que Paulo riait, elle lui demanda : « Et toi ? Que fais-tu dans la vie ? »

— Je suis économiste. Je travaille dans l'immeuble en bas de la rue.

— C'est génial ça ! Je m'appelle Vanessa, et toi ?

— Paulo.

— Ravie de te connaître.

— Ravi de te connaître aussi. Maintenant, je dois y aller, dit Paulo, en regardant sa montre.

C'est ainsi que Vanessa et Paulo s'étaient rencontrés. De nombreuses conversations entre eux suivirent à partir de ce jour-là. Au fil du temps, ils devinrent amis, allant se confier des choses l'un à l'autre. Paulo arrivait toujours trente minutes avant l'ouverture du Café Sorriso. Ils avaient donc tous les deux un peu de temps pour converser.

Après s'être rappelé comment il avait rencontré Vanessa, il répondit au message.

[Je vais bien, et toi ?]

Sans tarder, Vanessa poursuivit la conversation :

[Cela fait presque deux ans que je ne t'ai pas vu. Comment vont les choses de ton côté ?]

Paulo avait perdu son emploi il y avait deux ans de cela et pensait à ce qu'il allait faire. Toutefois, il pouvait se permettre de ne pas travailler pendant un certain temps grâce à ses économies. Il ne trouva pas nécessaire de dire à Vanessa qu'il était au chômage. Alors, il écrivit :

[J'ai quitté le bureau d'économistes et je suis sur une autre affaire maintenant.]

[Dans quel secteur travailles-tu maintenant ?]

[Ce n'est rien d'officiel. Je t'en parlerai la prochaine fois.]

[Tu nous manques beaucoup au Café Sorriso. (Smiley triste)]

[Comment ça ?]

[Personne ne parle avec moi avant les huit heures du matin. (Smiley sourire). Mais c'est bon, je comprends. J'ai même pensé que tu avais quitté Rio.]

[Non, j'ai juste changé de quartier. Maintenant, je vis à Copacabana.]

[Voudrais-tu venir me rendre visite un de ses jours au Café Sorriso ?]

[Oui, Bien sûr !]

[Pourquoi pas samedi prochain ?]

[OK ! Marché conclu. (Smiley sourire)]

[C'est parfait !]

La rose écarlate

Dans le voisinage du quartier « Jardin Botanique », se trouve le Parc Lage, adossé à la colline du Corcovado, tout près du site touristique aussi appelé « Jardin Botanique ». Avec sa végétation exubérante, le Parc Lage se distingue particulièrement par son raffinement culturel. Dans cet environnement bucolique, de plusieurs hectares d'une beauté enchanteresse, on y trouve de nombreuses édifications à caractère artistique, des îles et des grottes artificielles, des lacs, des aquariums et des décorations creusées à même la roche, des raccourcis insolites, des sentiers exotiques, des kiosques et bien d'autres choses encore.

L'exceptionnelle harmonie culturelle entre l'univers artistique du siècle dernier et les particularités de l'art contemporain est une caractéristique très appréciée par les visiteurs du Parc Lage. Cela s'illustre bien à travers le genre architectural de son palais, un espace qui abrite une école d'art et un café. Devant le bâtiment, on y contemple un beau jardin, sublimement raffiné par un aménagement paysager géométrique.

C'était une matinée douce dont le climat apaisait le cœur des visiteurs du Parc Lage. Karina et Paulo arrivèrent pratiquement au même moment. Ils se saluèrent par une accolade et s'assirent à la cafétéria du palais. Ensuite, chacun passa sa commande.

— Mon ami, tu as l'air pensif aujourd'hui. Est-ce que ça va ? Karina commença :

— Ça va bien et toi ?

— Ça va bien aussi.

— Te souviens-tu de mon cousin Diego, celui qui s'en est allé dans l'adolescence ? demanda Paulo.

— Oui ! Nous en avons parlé lors de notre dernière conversation.

— J'ignore pourquoi, mais je me suis réveillé aujourd'hui en pensant à lui. Un de mes petits-enfants me rappelle beaucoup Diego. C'est le fils de ma fille. Il s'appelle André. Il parle, agit et joue comme Diego lorsque celui-ci était enfant. La dernière fois que j'ai rendu visite à ma fille, Andrezinho est venu me voir en courant et m'a dit : « Tu pars déjà ? Tu reviendras me rendre visite ? » Je me suis accroupi et j'ai répondu : « Bien sûr ! Je viendrai toujours te rendre visite, mon ange. » Il était ravi et continua de jouer. J'ai été ému parce que cette phrase était exactement la même que celle que mon cousin m'a dite la dernière fois que nous nous sommes vus. Sur le chemin de retour, je n'arrêtais pas de penser à eux deux, m'interrogeant sur la signification de cette ressemblance inexplicable entre eux. Y a-t-il un lien invisible mais vrai entre Diego et Andrezinho ? J'ai déjà entendu une ou deux personnes parler de la réincarnation, mais je n'y connais pas grand-chose.

— Qui sait, la réincarnation est peut-être une façon de comprendre certaines choses dans la vie.

Avec un regard perplexe, Paulo acquiesça timidement. Il était clair qu'il n'avait pas été satisfait de cette réponse. Cependant, il n'était pas en désaccord ou en accord avec Karina. Au fond de son être, il ne se souciait pas de la certitude des choses. Il voulait juste en savoir plus. Karina comprit la situation et continua.

— Je ne cherche pas à te convaincre que la réincarnation existe, mais je peux te raconter une expérience que j'ai vécue à cet égard. Aimerais-tu l'entendre ?

— Oui !

— Tu sais, mon père est décédé en 1980. Trois ans après sa mort, ma sœur a eu une fille, une jolie petite fille. Lorsque nous sommes allées rendre visite au bébé, une de mes tantes m'a dit : « Regarde les yeux de cet enfant ! Ce sont les yeux d'Amaro. » Mon père s'appelait Amaro. C'était un premier signe. Ma sœur travaillait dehors et laissait le bébé, je veux dire la petite Héloïse, à ma mère. Quand Héloïse avait environ trois ans, elle est allée voir ma mère et lui a dit : « Grand-mère, je suis grand-père. »

— A-t-elle vraiment dit cela ?

— Elle l'a fait. Et ma mère a été très surprise.

— N'était-ce pas un choc pour elle ?

— Oui ! Parce qu'elle était très catholique et ne croyait pas à la réincarnation. Elle me l'a dit dans la plus grande discrétion, car j'étais la seule personne de la famille à avoir cette conviction. En plus de ça, je suivais déjà un chemin spirituel qui parlait de la réincarnation. Nous n'avons rien dit à aucun autre membre de la famille à propos de cet épisode. Ils nous prendraient pour des folles.

Paulo rit. Karina fit de même et continua son histoire.

— Un autre signe est que mon père, lorsqu'il était en vie, aimait marcher, les mains au dos, devant le bâtiment. Un jour, quelques années après sa mort, en rentrant à la maison, j'ai vu la petite Héloïse avec sa nounou sur le trottoir près de l'immeuble. Elle faisait pareil. Le portier, qui était le même à l'époque de mon père, m'a regardé et m'a dit : « Dona Karina, voyez comment marche Héloïse ! Exactement comme votre père. » Le temps a passé, ma sœur a déménagé dans une autre ville avec sa famille, et je n'ai plus eu beaucoup de contacts avec eux. Une fois, alors que je vivais déjà au Canada, je suis allée rendre visite à ma sœur. Héloïse avait déjà une vingtaine d'années, et toutes deux suivaient le spiritisme et croyaient en la réincarnation. Un jour, nous étions toutes les trois dans la pièce, et je leur ai dit que maman avait un sentiment particulier pour Héloïse. Ma sœur a demandé pourquoi je pensais cela. À l'époque, je ne savais pas si je pouvais leur dire que je pensais qu'Héloïse était la réincarnation de mon père. J'ai hésité un peu jusqu'à ce que ma sœur dise : « Si c'est une question de réincarnation, ne t'inquiète pas, nous étudions cela dans le cadre du spiritisme. » J'ai donc répliqué : « Je pense qu'Héloïse est la réincarnation de papa. » Héloïse était aussi dans la pièce et a immédiatement regardé sa mère puis a dit : « Maman, qu'est-ce que je t'ai dit la semaine dernière quand je pensais être mon grand-père ? » Karina fit une petite pause. Tu sais, Paulo, mon père s'adonnait à la photographie comme passe-temps, et Héloïse adore la photographie. C'est pour cette raison qu'elle-même est arrivée à la conclusion qu'elle pourrait être mon père. Donc, depuis ce moment-là, chaque fois que je la vois, je lui dis « Salut, mon papa-nièce ! » et elle me répond « Salut, ma fille-tante ! ».

— C'est une histoire drôle, déclara Paulo.

Ils se marrèrent pendant un moment. Karina poursuivit.

— Quand je vivais ici au Brésil, j'étais professeure d'anglais. Comme tu le sais, les enseignants reçoivent un salaire de misère. Mais Dieu merci, mon père était très généreux. Alors je venais le voir et lui disais : « Papa, tu pourrais me prêter de l'argent ? » Il me le prêtait et je le lui remboursais petit à petit. Au bout de quelques mois, il me disait : « Tu n'as plus à payer. » Il m'a donc donné beaucoup d'argent de son vivant. Une fois, de nombreuses années après sa mort, j'ai invité Héloïse en Europe. Elle n'avait jamais fait de voyage en avion. Nous sommes allées à Paris, Nice et Cannes. Comme elle n'avait pas assez d'argent pour voyager, je lui ai dit de ne pas s'inquiéter, que j'allais tout payer pour elle. L'année suivante, je l'ai invitée au Canada pour apprendre l'anglais. Nous avons convenu qu'elle resterait avec une famille canadienne afin qu'elle puisse mettre en pratique ce qu'elle apprenait à l'école. Elle allait donc à l'école d'anglais le matin, puis nous faisions toutes les deux le tour de la ville, et le soir, elle dînait avec ses hôtes. En lui payant ses voyages, j'ai eu le sentiment de rendre une partie de ce que j'avais emprunté à mon père.

Karina garda le silence.

— Je ne peux pas dire avec certitude que mon petit-fils est la réincarnation de mon cousin Diego, dit Paulo. D'autre part, je trouve très intéressant d'entendre parler de ton père et de ta nièce. Qui sait, peut-être que la réincarnation est l'une des nombreuses lois qui régissent l'existence.

— On ne sait jamais rien avec certitude dans ce monde ! répliqua Karina. Cependant, il est toujours bon d'avoir un regard intérieur sur les choses qui nous arrivent.

— C'est vrai. Je te remercie de m'avoir parlé de ton expérience.

— De rien ! lança Karina d'un air heureux.

Dans son cœur, Paulo était sûr qu'il y avait un lien entre la vie de son cousin et celle de son petit-fils. Cependant, il ne trouvait pas de raison logique pour y croire complètement. Il commença ainsi à voir la loi de la réincarnation comme une prémisse existentielle qui peut être perçue à travers nos relations humaines, mais en même temps, impossible à prouver. Assis, il tissait mentalement ses observations sur le sujet. Pendant ce temps, Karina observait une famille étrangère avec discrétion. Les membres de cette famille ne cachaient pas leur admiration quant au charme du Parc Lage.

Soudain, une fillette, tenant une douzaine de roses écarlates, apparut à côté de Paulo et lui dit : « Achetez une rose à votre petite amie ! » Paulo répondit, attristé : « Mais..., il pensa un peu. Je n'ai pas de petite amie. » Sa réponse surprit la fillette, qui se tourna immédiatement vers Karina. Cette dernière, souriant, lui demanda : « Combien coûte une rose ? » Très excitée, la petite fille répondit : « Cinq reais. »

Elle saisit les cinq reais et partit en sautant de joie. La rose, cependant, n'était pas venue seule. Il y avait un petit papier blanc enveloppé d'un ruban rouge. Karina offrit la rose écarlate et le billet à Paulo. Il les accepta timidement, se demandant quelle en était la cause. Il était divorcé de son ex-femme depuis deux ans, et depuis lors, n'avait rencontré personne qui fasse battre son cœur à nouveau. Quoi qu'il en soit, la rose rouge symbolisait l'amour, et Paulo savait déjà que dans la vie, les choses arrivent pour une raison ou une autre.

Une brise légère souffla autour d'eux. Karina se tut, toujours avec le sourire. Dans le même temps, Paulo, réfléchissait, en essayant désespérément de trouver un sens à la rose dans sa rêverie. Lorsque Karina remarqua l'inquiétude de son interlocuteur, elle lui dit d'une voix douce : « Je pense que c'est l'heure du déjeuner. » Paulo regarda sa montre, et vit qu'il était déjà 13 heures. Puis il sourit aussi, d'un air complice. Ils allaient se séparer quand il dit : « Karina, peux-tu me passer ton numéro de téléphone ? »

— Bien sûr ! Mieux encore, passe-moi le tien. Je t'enverrai un message plus tard.

— OK ! Regarde, c'est celui-ci.

— Merci !

— De rien !

Karina s'en alla. Le regard songeur, Paulo resta sur place. Après quelques minutes finalement, il ouvrit le billet de la rose et le lut.

Toi qui es aveugle du cœur
N'as pas d'yeux pour voir
La femme à tes côtés,
La femme qui t'accompagne.
Elle ne tombe pas amoureuse,
Mais t'aima au premier regard.
Un jour, tu seras empereur
Et elle, ton impératrice.
Livré au sommeil
Dans les couloirs d'un rêve
Dans un palais doré
Sur les murs, sur le toit
Sur toutes les peintures
Le visage de ta bien-aimée
Tu es roi, elle est ta reine,
L'amour, votre royaume.

Après avoir lu le poème, Paulo ferma les yeux pendant un moment. Il savait que la personne décrite dans le poème n'était pas Karina puisqu'elle était déjà mariée et beaucoup plus âgée que lui. Pendant ce bref instant, les mots disparurent de son imagination. Il n'y avait ni représentation ni pensée. Seul le silence absolu y régnait. Avec ce sentiment de pure sérénité, il se leva et entreprit le chemin du retour.

La femme du poème

Paulo arriva en fin d'après-midi, alors que le Café Sorriso était sur le point de fermer. Il ne manquait jamais à ses rendez-vous. Vanessa s'était faite belle. Un maquillage simple mais charmant se laissait entrevoir sur son visage, sur ses lèvres un rouge à lèvres écarlate comme l'arc de Cupidon. Ses ongles avaient été peints avec du vernis de la même couleur. Avec sa taille fine, elle semblait prête à conquérir le cœur de ceux qui oseraient la regarder.

Paulo, pensant que la rencontre avec elle ne serait qu'une conversation entre amis, était apparu au café avec des vêtements simples. Lorsqu'il la vit, il se sentit un peu mal à l'aise pour être modestement habillé. Il essaya de cacher sa gêne, sans succès. Vanessa était une femme attentive à tout ce qui l'entourait. Son attention percevait les détails que les yeux ne pouvaient pas voir. Elle courut rapidement vers lui et dit, en l'embrassant : « Coucou, Paulo, je suis contente que tu sois venu. Sois tranquille. Je suis habillée comme ça parce qu'après notre conversation, j'ai un rendez-vous. »

Paulo ne dit rien et sourit à peine. Elle poursuivit : « Assieds-toi ici, s'il te plaît ! J'ai juste besoin de faire quelques petites choses et nous pourrons ensuite aller où tu voudras. »

— D'accord ! consentit Paulo.

Il pensait que la conversation aurait lieu au Café Sorriso. Cependant, Vanessa, toujours avec des idées différentes, avait préparé quelque chose de plus intéressant.

Paulo s'assit à l'entrée du café. En attendant, il admirait Vanessa dans la plus grande discrétion. Toute parfumée, elle s'occupait des dernières choses avant de fermer le café. Paulo la regardait faire sa navette en silence. Au fond de son cœur, il se sentait attiré par elle, mais apparemment, il ne s'était pas préparé à ce sentiment soudain. Tout le Café Sorriso exhalait ce délicieux parfum d'orchidées que portait Vanessa. Assis en silence, il l'observait toujours sans pour autant démontrer son éblouissement pour elle. Les deux étaient amis depuis huit ans. Cependant, il n'avait jamais rien ressenti de tel en sa présence. Maintenant, il la désirait comme un amant veut sa bien-aimée. Toutefois, il trouvait cette inclination quelque peu déplacée à l'endroit de son amie de longue date. Dans ses yeux, on y voyait timidité, admiration, respect et crainte envers Vanessa. Plus important encore, il y avait également l'envie d'aimer. Vanessa s'en était rendue compte sans aucune difficulté. Ainsi mit-elle plus d'élégance et de délicatesse dans ses gestes. De temps en temps, elle passait la main dans ses cheveux, attisant le feu de la passion au cœur même de Paulo. Au fond, elle le désirait aussi. Il se pourrait que ce sentiment fût présent en elle depuis leur première rencontre. Malheureusement à cette époque, le moment n'était pas opportun puisqu'il était marié et n'avait pas d'yeux pour les autres femmes. Quoi qu'il en soit, Vanessa n'a jamais cessé de le trouver spécial. Elle ne lui en avait jamais parlé, mais ne manquait pas de démontrer son enchantement par la façon dont elle le regardait.

Finalement, elle termina ses tâches. Les deux décidèrent d'aller à la plage, où ils commencèrent à marcher, en se dirigeant vers le promontoire Arpoador. Peu à peu, la nuit tombait. La mer était tantôt sereine, tantôt tonitruante. De temps en temps, des rafales soudaines lui caressaient la surface, en y secouant ses vagues. Le soleil s'en allait se coucher. Au loin, on pouvait voir la Morro Dois Irmãos et la communauté de Vidigal aux lumières allumées, ressemblant ainsi à un coffret rempli de bijoux. Quelque part dans le ciel, ni clair ni sombre, les nuages dorés et orageux se rassemblaient, comme pour n'en faire qu'un.

La brise fraîche de la mer effleurait la peau de ceux qui se trouvaient à la plage. Le cœur de Paulo se refroidissait et se réchauffait en même temps. Il se demandait si cette sensation avait quelque chose à voir avec Vanessa. Alors qu'il marchait aux côtés de son amie, il essayait mentalement de percer le secret du poème de la rose écarlate.

Le poème parlait d'une femme à ses côtés, une femme qui l'accompagnait. Et, oui ! Vanessa était à ses côtés et l'accompagnait. Était-elle sa reine ? Il contempla le visage de celle-ci, voulant y entrevoir la confirmation du poème. Pendant ce temps, elle marchait délicatement, ne se souciant de rien d'autre et se réjouissant du délicieux air marin.

À un moment donné elle rompit le silence. Elle était toujours la première à entamer le dialogue.

— Comment vont les choses avec Renata ? Sergio m'a dit que vous êtes divorcés.

— Elle a maintenant un nouveau partenaire et il me semble qu'elle est retournée à l'université, répondit Paulo.

— Vraiment ? Dans quelle faculté ?

— Je n'en suis pas sûr, mais je crois que c'est l'Administration. Elle a beaucoup de potentiel, tu sais.

— Elle semble être une femme forte. Et puis il n'est jamais trop tard pour recommencer à étudier, n'est-ce pas ?

— Oui, le plus important, c'est qu'elle soit heureuse.

— C'est vrai. Qu'en est-il de toi ? Es-tu heureux ?

— Tes questions sont toujours directes, répliqua Paulo, en posant la main sur le front.

— Je suis désolée ! Je suis juste curieuse.

— Ce n'est pas grave, je comprends. Tu m'as donc demandé si je suis heureux. Eh bien ! Je suppose que je vais beaucoup mieux ces derniers temps.

— Quelque chose de nouveau dans ta vie ?

— Pas exactement ! C'est juste que ces jours-ci, j'ai rencontré quelqu'un, et nos conversations me rendent meilleur.

— Que veux-tu dire par « meilleur » ? Une petite amie ?

— Non, pas du tout. Je la vois comme une mère. Notre première conversation était un peu inhabituelle, mais elle s'est avérée intéressante. De temps en temps, nous convenons de nous rencontrer pour parler de la vie. Au fond, j'ai l'impression de la connaître depuis bien longtemps, mais je ne peux expliquer ce sentiment.

— Ah, comme c'est intéressant ! J'aimerais la rencontrer aussi. Peut-être pourrais-tu l'inviter au Café Sorriso un de ses jours.

— Oui, bien sûr !

— Comme c'est gentil !

Les deux se turent, poursuivant leur promenade en silence. Dans son for intérieur, Vanessa voulait que Paulo prenne au moins une fois l'initiative de la conversation. « Est-ce parce qu'il n'a point de courage, ou simplement parce qu'il ne veut pas parler ? », se demandait-elle. Pendant ce temps, Paulo la regardait furtivement, admirant sa beauté. Il essayait également d'identifier si c'était elle, la femme du poème. À un certain moment, la danse des vagues marines murmura une chanson d'amour. Des deux, seule Vanessa put l'écouter. Paulo était si préoccupé par l'identité de la femme du poème qu'il ne pouvait voir ni entendre les choses que seul le cœur perçoit. Sans crier gare, il regarda le ciel. Dans le firmament qui s'assombrissait, les nuages dorés disparaissaient lentement. Peu après que Paulo et Vanessa escaladèrent les rochers de l'Arpoador, le soleil retira sa dernière lueur. Beaucoup de personnes applaudirent ce merveilleux spectacle.

Nos deux amis allèrent s'asseoir un peu plus près des ondes qui se jetaient contre les rochers. Vanessa se souvint du doux chant qu'elle avait entendu quelques minutes auparavant et aiguisa les oreilles pour en écouter davantage. Paulo, comme toujours, restait silencieux tandis que dans son esprit, mille pensées se bousculaient. Dans son esprit anxieux, le commencement et la fin du poème de la rose rouge se répétaient inlassablement : « *Toi qui es aveugle du cœur, Tu es roi, elle est ta reine, L'amour, votre royaume.* » Assis aux côtés de Vanessa, il était présent de corps, mais pas d'esprit.

Le doux vent apportait des souvenirs de romances à Vanessa. « Te souviens-tu encore de ton premier amour ? » demanda-t-elle à Paulo.

— Oui ! Parfois.

— Raconte-moi un peu.

— C'est une histoire un peu ennuyeuse. Et puis tu la connais déjà.

— C'est vrai ! dit-elle. Ta belle histoire d'amour avec Renata, c'est incroyable comme les choses changent dans la vie ! Qui aurait pu imaginer qu'un jour vous vous sépareriez ? Quand tu m'as raconté comment vous vous étiez rencontrés, j'ai cru à la théorie des âmes sœurs.

— Je le croyais aussi, mais rien ne semble éternel dans cette vie. Souffrance ou bonheur ? Tout cela se termine un jour. Mais enfin, puisque tu connais mon histoire d'amour, pourquoi ne pas raconter la tienne ? On n'en a jamais parlé.

— Ah, je ne sais pas.

— Allez, raconte ! dit Paulo.

— Ok ! En gros, j'ai rencontré des garçons intéressants. La plupart de ces relations n'ont pas duré longtemps, à part les six années passées avec Luis. L'histoire avec Luis ne compte pas vraiment, car je ne l'ai jamais aimé.

— Mais, n'as-tu pas eu une histoire d'amour qui t'ait profondément marquée ?

— Bien sûr ! J'en ai eu une.

— Combien de temps cela a-t-il duré ?

— La relation n'a duré qu'un mois, mais pour moi, elle aurait pu durer toute une vie, dit-elle, sereine.

— Que veux-tu dire ? demanda impatiemment Paulo, tout étonné.

Pour lui, Vanessa était si belle qu'aucun homme au monde n'oserait l'abandonner. « Quel idiot a laissé partir ce trésor ? » se dit-il, assis à côté d'elle.

Vanessa poursuivit :

— J'aimais vraiment ce garçon. Pour être honnête, je n'arrive pas à l'oublier jusqu'à présent. Il s'appelle Tiago. Aujourd'hui, il vit en Angleterre et est marié à une Anglaise. Écoute, Paulo, je deviens émotive quand je parle de Tiago.

— Tout va bien ! la rassura-t-il.

— Cette histoire s'est passée juste avant que j'entre à l'université. Au début, Tiago et moi étions amis et plus précisément voisins dans le quartier d'Aldeia do Vale, où nos parents vivent encore aujourd'hui.

— Où se trouve cet endroit ?

— À Goiânia. Te souviens-tu que j'y ai vécu pendant de nombreuses années ?

— Oui. Je m'en souviens.

— Concernant mon amitié avec Tiago, la vérité est que j'ai toujours été amoureuse de lui. Cependant, je n'avais pas le courage de lui en parler. Un jour, nous nous sommes assis au bord d'un des lacs du quartier pour écouter notre musique préférée. C'était « *I'm Gonna Be* » de The Proclaimers. Nous avions mis la musique en boucle et l'avions écouté inlassablement. J'ignore ce qui m'a pris, mais tout à coup, je l'ai embrassé. J'avais déjà embrassé d'autres garçons avant ce jour-là. Pourtant, le baiser avec Tiago semblait être le premier de ma vie. C'était comme si j'étais dans un rêve où tout autour de moi était devenu lumineux et parfait. Je ne pense pas que Tiago était prêt pour cela. Il fut abasourdi au premier moment, mais très vite, trouva intéressante l'idée de bécoter sa meilleure amie. Avant que cela n'arrive, nous avions sucé des bonbons. Le mien était à la fraise, le sien à la menthe. Tu imagines ? Fraise et menthe, un merveilleux mélange, n'est-ce pas ? Commenta-t-elle gaiement, en se déridant. À chacune de ses caresses, mon cœur vibrait d'amour et sautait de joie. À un certain moment, il m'a prise par la taille, et j'ai senti sa main, qui tremblait aussi. Nous avons toujours été amis. Mais, à ce moment-là, nous étions des jeunes gens amoureux, qui découvraient les plaisirs de la passion. L'heure était à la brune. Les dernières lueurs du soleil se dérobaient. Même si j'étais là, assise à côté de Tiago, je me trouvais dans un rêve lointain où le temps s'était arrêté. Plus le ciel devenait sombre, plus je me découvrais passionnée. Une brise fraîche caressa nos peaux. Quand Tiago s'en est rendu compte, il posa doucement son bras par-dessus mes épaules afin de me réchauffer le corps. J'étais la reine, et lui, mon roi. J'étais la dame, et lui, mon gentilhomme. Devant nous, l'eau du lac reflétait le crépuscule. L'amour de nos cœurs se retrouvait partout, dans chaque regard, chaque câlinerie, chaque geste et pensée. L'amour venait juste de vaincre tout ce qui s'y trouvait avant son arrivée. À chaque seconde qui passait, je tombais de plus en plus amoureuse de Tiago jusqu'à ce que je me livre définitivement à la prison de son regard. Il était beau avec ses yeux marron clair. Et moi, ne pouvant pas résister à son charme, je posai ma tête sur son épaule. J'étais en paix et je le croyais l'être aussi. Avec ce sentiment merveilleux qui coulait en moi et remplissait ma poitrine d'extase, j'eus la certitude que la vie valait la peine d'être vécue. Ce soir-là, l'amour qui fait trembler le cœur des hommes m'a touché. Instantanément, j'ai aimé Tiago sans lui demander quoi que ce soit. Je l'ai aimé sans remettre en cause ses sentiments et ses pensées. Alors, je lui ai dit : « Maintenant, tu es mon petit ami. » Il m'a répondu avec un sourire. À cet instant, j'ai senti en moi qu'il était tout ce que je voulais dans la vie. Aussi, j'ai préféré croire que j'étais tout ce dont il avait besoin pour être heureux. Il est un peu comme toi. Il n'exprimait jamais ses sentiments. C'est pour cela que j'ai décidé pour nous deux.

Paulo resta silencieux. Il ne pouvait contester les dires de Vanessa, car il est vrai qu'il parlait peu.

Vanessa continua :

— Tu sais, je pensais que mon premier amour serait éternel. Il s'avère qu'après un mois de fréquentation, Tiago reçut une bourse pour poursuivre ses études en Angleterre. Tout fut précipité, et il partit du jour au lendemain. La veille de son voyage, nous nous sommes arrangés pour que je lui rende visite à Oxford pendant les vacances. Cependant, une semaine après son arrivée en Angleterre, il a rompu avec moi. Il a dit qu'il était tombé amoureux d'une certaine Katherine, et qu'elle me ressemblait beaucoup. Il a également dit qu'il ne pouvait pas supporter d'être près d'elle sans la désirer parce qu'elle parlait et agissait comme moi. Je me suis demandé à l'époque comment elle pouvait parler et agir comme moi si nous ne communiquions pas dans la même langue. De toute façon, il est tombé amoureux d'une autre personne parce que selon lui, celle-ci me ressemblait. Il a justifié la fin comme si ma ressemblance avec Katherine était de ma faute. J'ai essayé de le convaincre du contraire, mais après quelques jours, il a cessé de répondre à mes courriels. Il ne voulait pas compromettre sa nouvelle relation. Aujourd'hui, Tiago et cette femme sont mariés et ont deux enfants. Je me réjouis pour eux. Lorsque je suis allée en Angleterre pour leur rendre visite, les deux enfants m'appelaient « tanti ». Ils étaient si adorables avec moi que j'ai fini par valider leur famille. Alors, Paulo, voici l'histoire de mon premier et seul amour jusqu'à ce jour.

— Intéressant ! murmura Paulo.

— Parfois, je me sens triste du fait que ça n'ait pas marché avec Tiago. Si seulement il était resté au Brésil, Dieu sait comment les choses auraient été aujourd'hui. Tout ce que je sais, c'est que je n'ai jamais rencontré quelqu'un capable de provoquer cette même passion en moi. Tu sais quoi ? Quand j'étais enfant, ma grand-mère m'a fait croire qu'il y avait des épines de rosier qui ne blessaient pas au doigt. Comme Tiago était doux comme une fleur, je croyais qu'il était l'épine qui ne me ferait pas de mal. Cependant, j'avais tort. Ou bien, avais-je raison ? Je ne sais le dire.

— Nous apprenons avec le temps, observa Paulo.

— Je suis d'accord ! Après tout, c'est la vie ! Un mystère difficile à cerner. Que cela me plaise ou non, je ressens de la gratitude pour avoir eu cette expérience amoureuse au moins une fois dans ma vie.

— Ne dis pas ça. Tu as encore beaucoup de choses à vivre ici-bas.

— C'est possible ! dit Vanessa, à la fois hésitante et confiante.

Ils se turent pendant un instant. Les étoiles dans le ciel s'étaient regroupées au-dessus de la mer. L'éclat de ces astres brillants se reflétait sur la surface du courant infini. Un sentiment de sérénité s'installa et se répandit dans le cœur de Vanessa. Cela a dû se produire parce qu'elle s'était rapidement souvenue des deux personnages préférés des histoires de sa grand-mère Maria. Il s'agissait du valet Marco et de son maître François LePain. Grand-mère Maria avait raconté à Vanessa qu'une fois, alors que ces deux hommes marchaient dans un endroit désert, sans eau ni vie, Marco était désespéré. François LePain, qui n'était pas un maître comme les autres, perçut la tristesse de son serviteur et lui dit : « Oh, Marco, noble serviteur, sache que l'avenir n'est qu'une boîte remplie de bonnes surprises. » Marco perdit son désenchantement aussitôt. À la fin de leur voyage, tout s'arrangea.

Soudainement, Vanessa se rappela qu'elle avait un autre rendez-vous et dit à Paulo :

— Oh, mon Dieu ! J'ai oublié l'anniversaire de mon amie. Je dois y aller.

En se levant à la hâte, elle embrassa Paulo sur les lèvres par erreur. Il semblerait que le baiser ait été accidentel, et elle s'en excusa immédiatement.

— Je suis désolée, mon ami. C'était censé être un petit bisou sur la joue, dit-elle.

— Je sais, répliqua Paulo. Ne t'inquiète pas ! Ces choses-là arrivent.

Paulo insista pour l'escorter jusqu'à un taxi. Après cela, il en prit également un autre et rentra chez lui. Assis dans la voiture, il n'arrêtait pas de penser à la femme du poème et au baiser de Vanessa. Le poème de la rose lui était parvenu au Parc Lage de façon inattendue. Le baiser de Vanessa semblait être un accident. Du moins, c'est ce qu'elle avait insinué. Maintenant, Paulo se sentait plus que confus que jamais, essayant en vain de comprendre le lien entre tous ces événements.

En arrivant chez lui, il fit jouer la chanson « *I'm Gonna Be* » des The Proclaimers sur YouTube et l'écouta à plusieurs reprises. Comme il comprenait l'anglais, il tomba rapidement amoureux des paroles. Le refrain finit par être gravé dans sa mémoire.

Il se coucha en écoutant son esprit qui interprétait :

But I would walk 500 miles
And I would walk 500 more
Just to be the man who walks a thousand miles
To fall down at your door
Da da da (da da da)
Da da da (da da da)
Da da da dun diddle un diddle un diddle uh da

Quelques minutes plus tard, Paulo s'endormit et rêva de Vanessa. Dans ce rêve, ils s'embrassaient, et ce baiser n'était pas une erreur. Le lendemain, il se réveilla encore plus confus sur tout ce qui se passait autour de lui.

Après avoir réfléchi un peu plus sur la question, il remarqua que se soucier de l'avenir ne répondrait pas à ses questions sur l'amour. Il n'avait qu'une seule chose à faire — laisser le temps éclairer les doutes du cœur. Et, à quoi cela servirait-il de se préoccuper de ce qui reste à venir ? François LePain avait déjà dit que l'avenir est une boîte remplie de bonnes surprises.

Les histoires de grand-mère Maria

À six ans, les parents de Vanessa quittèrent Rio pour s'installer à Goiânia. Sa mère avait réussi l'examen de juge du droit pénal dans cette ville. Son père, qui était déjà un avocat prospère, eut l'idée d'ouvrir une annexe de son bureau à Goiânia, non loin du bâtiment de la Cour de justice, situé dans le secteur ouest de la ville. Il était avocat en droit du travail et défendait de grandes entreprises.

Les parents de Vanessa avaient une vie bien réglée, parfaitement organisée, parfois même avec un peu de paranoïa, ce qui n'était pas très agréable pour leur santé mentale. C'est peut-être pour cela qu'ils voyaient tous les deux un psychiatre. Il était clair qu'ils avaient des problèmes personnels à résoudre.

En raison de la violence dans le pays, ils s'inquiétaient beaucoup plus des événements à venir que du présent. Ils n'arrêtaient pas de chercher le meilleur moyen de faire face aux vicissitudes de la vie quotidienne, et leur quotidien ne se limitait qu'à leurs emplois respectifs. Ils ne restaient presque jamais à la maison et n'avaient pas de distractions. En plus d'être des gens sérieux, ils prenaient beaucoup de précautions dans leurs navettes afin de ne pas se mettre en danger à Goiânia. De temps en temps, on les informait des meurtres de juges ou d'avocats criminalistes. De ce fait, les parents de Vanessa vivaient dans la peur constante de perdre leur vie, une vie uniquement consacrée au travail.

La famille vivait dans un quartier appelé Aldeia do Vale, dans une maison de plus de trois millions de réals, toute faite de bois. Aldeia do Vale est considérée comme l'un des quartiers les plus luxueux de la ville, sans doute le plus imposant. À l'intérieur de cette construction ostensible, ornée d'une végétation exubérante, se trouvent plusieurs établissements commerciaux et sportifs, des dizaines de lacs, un club équestre avec des employés spécialisés, des bistros avec une cuisine internationale, des blanchisseries, des supermarchés, etc. Parfois, à Aldeia do Vale, on voyait des singes, des cerfs, des renards, des capybaras et d'autres animaux se promener dans les patios des maisons. Quand Vanessa était enfant, elle aimait se promener avec un appareil photo suspendu à son cou, toujours prête à enregistrer les moments où elle rencontrait les animaux dans la copropriété. Elle s'était plusieurs fois retrouvée nez à nez avec des cerfs qui la fixaient d'un regard pénétrant, ou avec des singes qui envahissaient les maisons à la recherche de nourriture.

Contrairement à d'autres enfants du même âge, Vanessa n'avait pas l'habitude de voir ses parents quand elle se réveillait le matin. Ils étaient très occupés, toujours dévoués à la recherche d'une meilleure condition pour leur fille. Quand elle se plaignait de l'absence parentale, ils lui disaient : « Chérie, nous faisons tout cela pour toi. Demain, quand tu seras adulte, tu comprendras et tu nous remercieras. » La petite Vanessa ne comprenait pas la logique de ses parents. Ainsi, quand elle n'allait pas à l'école, elle se promenait seule dans les chambres spacieuses de la maison en bois, dressée comme un château aux couleurs du coucher de soleil.

Pendant de nombreuses années, Vanessa souhaitait que sa relation avec ses parents fût différente. Le temps passait, mais les parents ne changeaient guère. Elle finit par s'habituer à leur absence, quoique tous vécussent dans la même maison. Ses parents partaient de bonne heure le matin et rentraient tard le soir. Elle se retrouvait toute seule durant la journée, faisant des va-et-vient entre la grande piscine et l'espace de loisirs impeccable de la maison. Ainsi, très tôt dans sa vie, elle comprit que le bonheur ne dépend ni de la richesse ni de la pauvreté. C'est alors qu'elle arrêta de se soucier de l'apparence des choses. En vérité, elle était malheureuse dans ce lieu hautement exquis. Outre l'absence des parents, elle désirait la joie intérieure. Elle pensait que la solution à sa tristesse l'attendait dans les parcs ou sur les lacs du quartier. Malheureusement, même en se promenant avec son petit amoureux Tiago dans ces lieux, elle n'y trouva pas la clé de la joie. Dans son soi intérieur, il y avait une grande affliction, accompagnée d'une multitude de questions. À défaut de chance, ni ses parents ni ses voisins ne savaient répondre à ses questions.

Rien dans cette immense résidence ne satisfaisait le vide qui remplissait son cœur. Elle chercha avec acharnement la réponse à sa tristesse et ne la trouva nulle part. Il y avait néanmoins quelque chose qui l'encourageait à vivre. Ce n'était rien d'autre que le beau chant des oiseaux, une mélodie qui de temps en temps apaisait son cœur.

Une fois, alors qu'elle nageait dans la piscine, elle aperçut un aigle survolant la maison. Elle ne savait pas s'il s'agissait vraiment d'un aigle, mais elle y croyait. L'oiseau géant, libre dans le ciel, planait majestueusement. En voyant cela, elle se réjouit de se sentir libre. Mais il ne lui a fallu que quelques secondes pour constater qu'elle ne quittait presque jamais Aldeia do Vale. Elle s'attrista, car elle ne vivait pas comme un aigle. Elle vivait comme un petit oiseau pris au piège dans une cage dorée. C'est ainsi qu'elle grandit, avec beaucoup de luxe et peu d'émerveillement.

Au lycée, Vanessa avait peu d'amis. Ses parents l'incitaient à être la meilleure de sa classe, et cet esprit de compétition ne favorisait pas ses amitiés. Elle se tuait donc à être meilleure que les autres. Elle ignorait qu'être meilleure que soi-même est d'une grande richesse.

Vanessa n'a presque rien appris des parents. Et quand ceux-ci avaient l'occasion de se faire entendre, ils ne parlaient que de lois, de crimes et de sanctions. Lorsqu'ils n'en parlaient pas, ils s'enfermaient dans leurs bureaux respectifs, soit pour signer des peines, soit pour faire des pétitions. Ressentant une immense solitude, Vanessa s'asseyait parfois dans un coin du patio et se remémorait le passé, plus précisément l'époque où ils vivaient à Rio. Durant cette période, sa mère étudiait pour le concours de magistrature et, comme d'habitude, ne lui prêtait point d'attention. Son père lui s'occupait de ses affaires juridiques dans son bureau pendant la journée. Dans la soirée, à son retour, il ne parlait que d'affaires judiciaires et d'audiences, se plaignant toujours de retards procéduraux. Un jour, la petite Vanessa alla se plaindre de l'indifférence de ses parents auprès de Maria, sa grand-mère maternelle, paix à son âme. La femme âgée lui répondit : « Quand nous vivons nos jours de la même façon, il est difficile de voir les possibilités infinies que la vie nous offre. Ma chérie, quand tu auras grandi, n'oublie pas de faire mieux que tes parents. »

Vanessa avait de la nostalgie chez elle à Goiânia. Le passé lui manquait beaucoup, et pour tuer le temps, elle se souvenait des histoires que lui racontait grand-mère Maria. La plupart évoquaient les aventures du valet Marco et de son maître François LePain. Maria semblait tout savoir sur ces deux hommes, mais ignorait une chose — la façon dont ils s'étaient rencontrés. Une fois, Vanessa lui demanda : « Grand-mère, comment Marco et son maître François LePain se sont-ils rencontrés ? »

— Marco était un pauvre Espagnol, et François LePain, un richissime Français. Ils s'étaient rencontrés bien avant de venir au monde. Ils étaient amis avant que la France et l'Espagne ne puissent exister, expliqua la grand-mère. Mon enfant, pourquoi chercher à savoir d'où ils venaient et où ils allaient ? Ce qu'il faut savoir à propos de ces deux hommes, c'est qu'ils ont fait le tour du monde et enseigné aux gens comme moi la chose la plus importante dans la vie.

— Quoi ? insista Vanessa.

Maria parla avec douceur.

— La rivière coulait lentement, mais inlassablement. Le ciel sombre, rempli d'étoiles brillantes, scintillait comme un diamant noir. Marco admirait la danse silencieuse du fleuve quand, soudainement, son maître François LePain lui dit : « La vie abonde de choses infinies. En revanche, de tous ces éléments, un seul en vaut vraiment la peine : l'Amour. Il se trouve au commencement et à la fin de toute vie. »

Maria prit la main de sa petite-fille et continua : « L'amour est tout ce dont nous avons besoin dans cette vie, mon enfant. »

— Je comprends, mamie.

Servir

Avant que Vanessa ne commence ses études de droit, elle pensait qu'elle se ferait de bons et sincères amis à la faculté. Cependant, peu après avoir commencé à étudier, elle réalisa que la plupart de ses camarades de classe étaient plus préoccupés par l'apparence des choses que par la sincérité des mots. Dans les couloirs de la faculté, il était fréquent de croiser un étudiant voulant prouver qu'il en savait plus que les autres. La plupart des enseignants en faisaient de même.

Heureusement, Vanessa eut la chance d'apprendre avec trois professeurs hors du commun. Ceux-ci parlaient beaucoup de la compassion qui devrait animer le cœur de tout juriste. Comme la plupart des étudiants s'intéressaient plus au droit qu'à l'amour, ils trouvaient ennuyeuse la didactique de ces instructeurs.

Durant la première période du cours, les camarades de classe de Vanessa aimaient débattre sur le naturalisme et le positivisme. Au fil du temps, les controverses juridiques commencèrent à suivre deux directions opposées, où les étudiants ne parvenaient jamais à un consensus. Ce qui leur importait le plus n'était pas la justice en soi, mais la raison de chacun. Dans un tel contexte, les amitiés étaient tenues en otage par différents courants de pensée.

Quant à la faculté de droit en général, il convient de souligner que tous les étudiants n'arrivaient pas à s'adapter à cet environnement de frictions sans fin. Vanessa était l'une d'entre eux. Elle se sentait comme une princesse arrachée à son château. Une fois de plus, elle se voyait comme une étrangère au milieu de tout cela, incomprise par ceux qui marchaient à ses côtés. Parfois, elle assistait aux débats académiques durant lesquels ses collègues cherchaient le point d'équilibre entre les extrêmes. Le seul vrai problème qu'ils rencontraient dans cette tâche, pourtant si simple, était qu'un côté de la balance de justice pesait toujours plus que l'autre. François LePain avait déjà dit à son disciple Marco : « La justice est une flamme qui vacille devant le vent quand le cœur du juge frémit face à la vérité. »

Au bout du compte, Vanessa se convainquit que les cinq années passées dans cette faculté avaient été perdues — toutes ces années à étudier ce qui se trouvait déjà dans les livres, toutes ses connaissances inutiles provenant des lois mentales et jamais du cœur. Avait-elle raison de penser cela ? Quoi qu'il en soit, elle trouva ces années longues et affligeantes. Pendant ses études, elle eut le sentiment d'être entourée de collègues qui n'avaient rien à partager avec elle. Ils étaient cependant ravis de suivre un cours qui évoque la noblesse.

D'autre part, les camarades de classe de Vanessa n'étaient pas différents de ses propres parents. Vanessa pensait que cette triste réalité n'était la faute ni à ses collègues ni à ses parents. Sans doute était-ce parce que les gens en général n'ont presque rien à partager entre eux. Une fois, elle avança même que c'était la faute de l'univers, mais finalement, pondéra son raisonnement : « Seul Dieu sait à qui est la faute, car les hommes pensent que ce n'est pas la leur. »

Comme dans la vie, il y a toujours deux faces d'une même médaille, il est important de se rappeler que tout au long de ce cours de droit, bien que livrée à l'insatisfaction, Vanessa riait de temps en temps, surtout avec un de ses collègues. Celui-ci s'appelait Erico, mais tout le monde l'appelait Mister Black.

Mister Black avait mérité ce surnom parce qu'il portait toujours un costume noir, qu'il pleuve ou qu'il fasse chaud. Malgré la chaleur du Brésil, Mister Black ne renonçait jamais à sa tenue de patron. Il faisait parfois une température de trente-cinq degrés Celsius, et le soleil brûlait comme du feu sur la peau, mais la croyance qu'un bon érudit de la loi doit toujours marcher en smoking faisait battre le cœur de Mister Black avec ardeur. Ainsi se pavanait-il en grand savant dans le corridor de la faculté.

De temps en temps, sa cravate noire, qui restait pendue à son cou, l'étouffait presque. Et même s'il avait du mal à respirer, Mister

Black participait avec fermeté et détermination aux débats éloquents, qui portaient sur les questions du droit et des lois. Dans ses discours intimidants, il aimait utiliser des mots extravagants et gesticulait comme un singe heureux. Même si Vanessa ne comprenait rien à ce qu'il disait, elle apprit à l'apprécier, car chacune de ses argumentations ressemblait à une pièce de théâtre divertissante.

Peu après avoir obtenu son diplôme, Vanessa eut un poste de conseillère juridique à la Cour de justice. Elle devint l'assistante d'un juge de deuxième instance et y travailla pendant sept ans. Pendant cette période, elle avait un petit ami nommé Luis. Les deux s'étaient rencontrés sur le lieu de travail. Deux jours après leur rencontre, ils commencèrent à se fréquenter. Après six ans de relation vraisemblablement amoureuse, Vanessa l'interpela une nuit sur le mariage. Au fond de son cœur, elle ne l'aimait pas, mais pensait que cette union ferait d'elle une femme épanouie.

— Quand est-ce qu'on se mariera ? demanda-t-elle à Luis.

— On a besoin de plus de temps, avança-t-il.

— Plus de temps pour quelle raison ? répliqua-t-elle.

Luis fit semblant de ne pas écouter et se rendormit. Le lendemain, elle lui reposa la même question.

— Plus de temps pour une condition meilleure, répondit-il avec froideur.

— Quelle condition meilleure ? questionna Vanessa, indignée.

Elle questionnait l'attitude de Luis parce que celui-ci était déjà un avocat brillant et prospère. Il était l'un de ces avocats qui aimaient se montrer dans des costumes de haute couture. Le fait de ne pas vouloir se décider au mariage déclencha la rupture avec Vanessa.

Quelques mois après, Luis épousa une autre femme. Tout comme lui, cette dernière faisait beaucoup attention à l'apparence des choses et à la façon de s'habiller des gens. Vanessa fut invitée à la cérémonie de mariage. Pendant la célébration, elle réalisa que

Luis était heureux — un bonheur qu'il n'avait jamais démontré durant leur relation. Étonnamment, elle n'était pas triste de s'en apercevoir. Au contraire, elle laissa le passé derrière elle et ouvrit son cœur pour recevoir ce que l'avenir lui réservait.

Vanessa, seule à nouveau, se mit à voyager partout dans le monde, se rendant dans plus de quinze pays. Son premier voyage fut très important à ses yeux. Elle alla en Afrique du Sud avec l'intention de connaître un peu du monde sauvage. Jusqu'alors, elle pensait qu'en Afrique, il n'y avait que des safaris. Mais ce n'était pas sa faute, car les médias brésiliens s'étaient chargés de le lui apprendre.

En Afrique du Sud, tout était différent de ce qu'elle aurait imaginé. Avec beaucoup d'enthousiasme, elle foula le sol du pays à l'aéroport de Tambo, l'un des deux aéroports internationaux de Johannesburg, un établissement très accueillant, vaste comme un quartier. Dans la ville, tout était bien fait, avec des rues bien construites, des monuments et de beaux édifices. En fait, Johannesburg est une ville métropolitaine, et Vanessa devait s'en rendre compte par elle-même. La surprise fut encore plus grande lorsqu'elle tomba sur une réalité économique totalement différente de ce qui était publié dans les journaux de son pays. Ce n'est pas par caprice que beaucoup considèrent cette ville comme la cité de l'or.

Pendant son séjour en Afrique du Sud, elle tomba amoureuse des natifs, naturellement accueillants, qui la traitaient avec beaucoup d'amour et de respect. Elle remarqua également que dans ce pays, les animaux ne sortaient pas dans les rues, attaquant et dévorant les personnes. Elle a donc dû se rendre dans un parc national pour faire un safari. C'était une expérience unique, la découverte d'une autre réalité qu'elle a grandement appréciée.

Après l'Afrique du Sud, elle alla en Tunisie, et là, dans la ville de Tunis, elle rencontra un couple brésilien en lune de miel. Ils lui dirent qu'ils avaient choisi ce lieu pour honorer la mémoire des arrière-grands-parents du mari. Il s'agissait de deux citoyens européens qui fuyaient la folie d'Adolf Hitler pendant la Seconde

Guerre mondiale. Ceux-ci s'étaient rencontrés à Tunis et s'étaient mariés par la suite. Quelques années après leur mariage fortuit, ils s'en allèrent s'installer dans le sud du Brésil. Vanessa trouva cette histoire géniale. Après Tunis, elle alla en Égypte pour voir les grandes pyramides de Gizeh. Sur le continent africain, elle passa aussi par l'Algérie et le Maroc.

Apprendre à connaître une partie de l'Afrique fut une expérience libératrice, car elle avait grandi en croyant tout ce que les gens disaient de mal sur ce continent. Désormais, elle savait qu'il vaut mieux avoir ses propres expériences au lieu de se fier aux opinions d'autrui.

Après cette première expérience de voyage, elle devint accro à l'idée de connaître de nouvelles personnes et leurs cultures. Par conséquent, elle travaillait toute l'année comme conseillère juridique, et lorsqu'elle prenait ces vacances, elle faisait immédiatement ses valises et partait en voyage dans différents pays. D'une certaine manière ou d'une autre, elle se redécouvrait elle-même, permettant ainsi que son esprit soit ouvert au monde et à ses possibilités infinies.

Les aventures folles ou quotidiennes qu'elle vivait au cours de ses voyages arrivaient à inhiber le sentiment de solitude qui l'accablait. Tout au long de son existence, elle s'était toujours sentie seule jusqu'à ce qu'elle commence à voyager. Malheureusement dans la vie, rien ne dure éternellement. Au fil du temps, le fait d'être une étrangère dans d'autres pays ne la satisfaisait plus. Rien ne pouvait vraiment rasséréner son cœur jusqu'à ce qu'elle se rende aux Bahamas, où elle apprécia la façon dont les habitants servaient et traitaient les touristes. À cet instant, elle eut un aperçu de la réponse à son inassouvissement intérieur et pensa : « Ce dont j'ai besoin, c'est de servir. »

Cela ne veut pas dire qu'elle ne servait pas à son travail de conseillère juridique. En réalité, elle voulait servir dans un environnement plus suave et plus léger, où elle pourrait avoir un contact plus direct, sincère et décontracté avec les personnes.

Au retour de ce voyage, quelques mois s'écoulèrent avant qu'elle ne décide d'entreprendre ce qu'elle devait faire pour se sentir heureuse. Elle cessa finalement de travailler à la Cour de Justice de Goiania et retourna vivre à Rio, sa ville natale, où elle ouvrit son propre commerce — le Café Sorriso.

Le Don Juan de Lisbonne

Un an après avoir connu un peu l'Afrique, Vanessa décida de se rendre en Europe, plus précisément au Portugal. Et voilà qu'elle était là, dans sa robe discrète, se promenant dans les rues étroites de Lisbonne, montant et descendant les escaliers, allant d'un endroit à l'autre, profitant des lieux touristiques de cette belle ville.

À travers son regard, se dissimulait une délicatesse sans pareille. Elle était parfaite dans ses robes discrètes, mais élégantes. Elle dévoilait une douceur par sa manière d'être. Lorsqu'elle sortait le soir, elle sentait qu'elle attirait beaucoup de regards. Certains hommes l'approchaient avec des intentions peu sérieuses. Pour leur échapper, elle disait qu'elle était conseillère juridique au Brésil, et ils disparaissaient de la même façon qu'ils apparaissaient.

Au cours de la deuxième semaine de son séjour à Lisbonne, elle rencontra Ronaldo. Il n'était certainement pas un homme ordinaire. Presque tous les soirs, Ronaldo sortait à la recherche d'une compagne. Un soir, Vanessa était dans un bar quand, soudain, Ronaldo lui apparut. Il était grand, bien vêtu, à la peau basanée.

— Bonsoir ! Comment-allez vous ? s'adressa-t-il, en français, à Vanessa, avec un certain charme dans ses yeux perçants.

Cette dernière en savait juste assez pour dire qu'elle ne parlait pas français. Elle a alors répondu en souriant :

— Bonsoir ! Je ne parle pas français.

Ils ont tous les deux souri. Elle comprit que Ronaldo plaisantait. Il poursuivit la conversation en portugais.

— Es-tu brésilienne ?

— Oui, et toi ? Tu es le Français de Lisbonne ? demanda-t-elle avec ironie.

— Je suis un Portugais qui parle français à Lisbonne, dit-il en riant.

Pendant qu'ils parlaient, Vanessa constata que l'haleine de Ronaldo sentait la menthe, ce qui montrait qu'il ne fumait pas et ne buvait pas. Elle s'est ensuite montrée plus enthousiaste pour la conversation.

Ronaldo aimait le football, et Vanessa était passionnée par le célèbre brésilien Ronaldo Fenômeno. C'est ainsi que commença la discussion pour définir quel était le meilleur Ronaldo du monde. Ce fut une délibération saine, et ils convinrent que Cristiano Ronaldo était le meilleur, car il se blessait très rarement.

— Je suis d'accord avec toi, seulement parce que Cristiano Ronaldo ne s'est jamais blessé au genou, ajouta-t-elle pour finir l'élection du meilleur Ronaldo.

Lorsque le serveur demanda à Ronaldo ce qu'il voulait, il répondit :

— Une carafe d'eau, s'il vous plaît.

Vanessa sourit et demanda pareil. Elle aimait les hommes polis, et Ronaldo était très respectueux. Cela dit, juste après avoir échangé quelques mots, il ne tarda pas à la conquérir. Du moins, c'est ce qu'il pensait.

Elle apprit beaucoup sur lui cette nuit-là, mais ignorait une chose importante. Elle ne savait pas qu'il allait dans les bars tous les soirs et qu'il flirtait avec les femmes, en usant de son doux sourire. Il parlait souvent en français avec des étrangères, et celles-ci se laissaient subjuguer par son charme unique. Il leur disait qu'il avait appris le français à Paris. Il disait également qu'à Paris, l'amour est à la fois roi et sujet et qu'il était partout, dans tous les regards. Il leur disait qu'à Paris, l'amour conquiert le cœur de chacun sans avoir à le soumettre. Il parlait de ces promenades en bateau le long de la Seine. Il racontait ses aventures romantiques dans les parcs, les jardins et les musées de Paris. Et enfin, il répertoriait les célèbres restaurants de la gastronomie française. Ainsi conquérait-il le cœur des visiteuses de Lisbonne.

Le flirt avec les merveilles de Paris se répéta avec Vanessa, et elle écouta, remplie d'enthousiasme et de curiosité. Dans son cœur, Ronaldo se réjouissait, car il pensait qu'il était en train de conquérir cette femme de Rio. Parfois, il lui souriait, et elle faisait de même. Ils étaient des navigateurs et la passion, leur mer.

En parlant avec Vanessa, Ronaldo était élégant comme un noble gentleman devant une princesse. Cependant, il était aussi un Don Juan né. Il aimait les femmes, mais ne les prenait jamais au sérieux. Il vivait en les courtisant, se partageant entre les romances des nuits de Lisbonne. C'était son côté sombre et romantique en même temps.

D'autre part, Vanessa le regardait avec désir et trouvait intéressante l'idée d'une romance passagère. Depuis la fin de sa relation avec Luis, elle n'avait eu qu'une seule étreinte amoureuse jusqu'alors. « Une romance ! Pourquoi pas ? Je suis célibataire, et lui aussi », pensa-t-elle. Elle ne voulait rien de sérieux. Cela étant, elle offrit son cœur à Ronaldo cette nuit-là.

Le beau visage de Vanessa éblouit entièrement Ronaldo. Son regard, fatal comme un arc, lui tira dessus, et il la désira comme il avait l'habitude de le faire avec toutes les autres femmes. Il ignorait que Vanessa n'était pas une demoiselle ordinaire. De conversation en conversation, le septième ciel entre les deux se consuma. Parfois, ils ne se comprenaient pas très bien, car Ronaldo parlait avec un accent portugais un peu fort. Cependant, cela ne fut pas un problème de se rapprocher physiquement. De plus, Ronaldo était un maître dans l'art d'aimer les étrangères pour une nuit. Vanessa, en revanche, prenait du plaisir à vivre cette aventure si nouvelle pour elle.

Après s'être aimés, ils dormirent en paix, en s'embrassant toute la nuit. Le lendemain, Ronaldo se vit faire quelque chose qu'il n'avait jamais fait auparavant — il passa la journée avec l'étrangère. Ce fut encore plus surprenant quand il s'efforça de parler portugais avec un accent brésilien.

— Vanessa, ça te dit de partir à Paris avec moi ?

Vanessa, ravie comme jamais, pensa : « Paris ? Génial, comme c'est romantique ! » Et elle répondit : « Oui, Ronaldo. J'aimerais bien y aller avec toi. »

Deux jours plus tard, ils allèrent à Paris, où ils se livrèrent au feu de la passion jusqu'à ce qu'ils n'en aient plus envie.

Un matin, alors que Vanessa dormait encore, Ronaldo la contempla pendant plusieurs minutes. Sans même s'en apercevoir, il s'amouracha de cette étrange visiteuse, qui souriait plus que ne parlait. Au fond de son cœur, il savait très bien qu'elle ne faisait que profiter de la romance du moment présent.

Tellement fasciné par la joliesse de cet être dormant sous ses yeux, il prit son téléphone portable et tapa « Vanessa ». Il était curieux de connaître l'étymologie de ce prénom. Il trouva sur Google que Vanessa correspondait à un papillon. Cependant, il n'en était pas satisfait et fouilla encore jusqu'à ce qu'il trouve un café français du même nom.

Après le réveil de Vanessa, il l'emmena dans ce café. À l'entrée, on y voyait un tableau avec un poème en français :

D'une romance à l'autre,
Elle est une passionnée.
D'un pays à l'autre,
Elle est une romantique.
Elle vole, elle voyage,
Le sac à dos,
Et l'amour toujours à ses côtés.

— Ronaldo, pourrais-tu me traduire ce poème, lui demanda-t-elle.

— Avec plaisir !

Ronaldo lut le poème en portugais :

De um romance para outro,
Ela é uma apaixonada.
De um país para outro,
Ela é uma romântica.
Ela voa, ela viaja,
Com a mochila nas costas,
E o amor sempre ao seu lado.

À ce moment précis, Ronaldo conçut dans ses réflexions que la romance avec Vanessa n'avait pas d'avenir, et qu'elle pourrait ne plus jamais retourner à Lisbonne. Pour la première fois, il se sentit triste au milieu d'une romance. C'était en effet, le meilleur et le plus intense de tous les béguins qu'il avait vécus jusqu'alors. Pendant des années, il avait joué avec le cœur des femmes, ne les aimant que pour une nuit, et la plupart d'entre elles en tombèrent follement amoureuses. À toutes ces pauvres femmes, il disait : « Je ne sais pas aimer. Je ne sais que flirter. C'est dans ma nature quelque chose que je ne peux changer. » Le seul problème avec Vanessa, c'est qu'elle ne disait jamais rien sur l'amour ou la passion. Elle parlait de beaucoup de choses, mais jamais du charme de Ronaldo ou de la possibilité de revenir un jour à Lisbonne. C'est peut-être parce que pour elle, ce n'était rien d'autre qu'une expérience agréable.

À un moment donné, alors qu'ils se promenaient tous les deux, Ronaldo lui demanda :

— Vanessa, que penses-tu de moi ?

— Tu es très gentil et tu as une bonne énergie.

Bien que Ronaldo ait été déçu et attristé par cette réponse, il n'en laissa rien paraître. Au fond, il voulait qu'elle le trouve beau et fascinant. Mais les choses dans la vie ne se passent pas toujours comme on le voudrait. Vanessa retourna donc au Brésil, heureuse de la vie, ignorant qu'elle venait de briser le cœur de quelqu'un.

Ronaldo rentra à Lisbonne, déçu par les promesses du cœur. Pendant plusieurs jours, il se mit à penser à tout ce qui s'était passé avec Vanessa. Finalement, il perça le secret de cette visiteuse au sourire éclatant — un secret que peut-être elle-même ne connaissait pas. Vanessa était une aventurière du monde, difficile d'y accéder, difficile à conquérir. Pourtant, il était facile de l'aimer et d'en tomber amoureux. Elle parcourait la terre, suivant toujours le flux de la vie, allant là où le vent l'emmenait, sans se soucier de ce qui venait à sa rencontre. Elle était tout simplement ravie de l'instant présent.

Peu de temps après sa romance avec Vanessa, Ronaldo commença à méditer sur la vie. À un moment donné, dans une de ses contemplations, il se mit à la place des femmes qui, malheureusement, étaient tombées amoureuses de lui. Il s'aperçut qu'il n'avait pas toujours agi de la façon la plus juste avec ces personnes-là. Il tirait profit d'elles mais ne les appréciait guère. Ainsi déshonorait-il l'amour. Désormais, bien qu'il ait continué d'être élégant et gentleman avec les femmes, il décida de vivre pour n'aimer qu'une personne à la fois. Il ne se sentait pas non plus gêné de devoir attendre l'amour de sa vie aussi longtemps qu'il le fallait.

Le soir à Lisbonne, au lieu d'aller dans les bars, il restait chez lui, lisait un peu et écrivait des poèmes d'amour. Au fil du temps, il cessa d'être le Don Juan de Lisbonne et devint un poète romantique. Une fois, alors qu'il donnait une conférence sur l'amour, il dit à ses auditeurs : « Toutes les femmes sont des reines. »

Si nous habitons dans l'esprit ou dans l'âme,
nous vivons dans le bonheur,
car l'âme est une entité heureuse.
Paul Twitchell

Contemplation

Avant de partir à la rencontre de Paulo, Karina se souvint de la période où elle souhaitait une suite pour ses pratiques spirituelles. Elle était donc allée passer du temps à l'écovillage de Findhorn en Écosse et à Auroville en Inde. C'étaient des endroits très spéciaux, et elle pensait pouvoir y trouver ce qu'elle recherchait.

Tout d'abord, elle avait passé quinze jours à Findhorn, où il y avait des centaines de personnes vivant en communauté, en harmonie avec la nature. Les membres de ce groupe organisaient généralement des activités de réflexion ayant un aspect holistique. Bien qu'elle ait beaucoup apprécié cette expérience, elle reçut l'orientation interne de ne pas y rester.

Ensuite, elle eut l'idée de passer un peu de temps en Inde, à Auroville. C'est une ville qui abrite l'idée selon laquelle les hommes et les femmes du monde entier peuvent partager une vie de paix et de bonheur, quels que soient leurs partis politiques, leurs nationalités ou leurs croyances.

Quoique l'expérience spirituelle que lui offraient ces deux endroits eût été excellente, elle sentait, au fond de son être, que ce genre de vie n'était pas la sienne. Après cette observation interne, elle retourna à Rio. Quelque temps plus tard, elle réalisa qu'elle devait répondre à un besoin d'individualité quant à son voyage de connaissance de soi. Vivre en communauté n'était sûrement pas la réponse à ses questionnements intérieurs.

Après s'être souvenue de tout cela, elle alla à la rencontre de Paulo. Ils avaient prévu de se rendre au Christ Rédempteur. Cette magnifique sculpture, majestueusement érigée au sommet de la colline du Corcovado, ouvre ses bras pour recevoir les hommes tels qu'ils sont, sans discrimination ni préférence. Elle nous enseigne également qu'il n'y a rien de plus beau que l'amour et l'harmonie.

Karina et Paulo avaient le sentiment que Dieu était présent dans tout ce qui les entourait. Dans le ciel clair, le soleil brillait avec ardeur, et la ville s'étendait sous la statue emblématique de Jésus-Christ. Partagée entre nature et modernité, Rio de Janeiro semblait être la plus belle ville du monde.

Paulo, d'un air pensif, admirait l'imposante ville où il était né et laissait couler dans son esprit quelques souvenirs d'enfance. À cette époque, il aimait visiter le Christ, mais y allait très rarement, car son père n'avait jamais été d'accord avec cette représentation du Messie. « Le fils de Dieu est omnipotent et ne peut être limité à une statue », disait-il à son fils.

Actuellement, Paulo n'était plus ce garçon discipliné qui croyait aux doctrines religieuses, faites pour être mémorisées et jamais questionnées. Maintenant adulte, il se trouvait à un moment délicat de sa vie. Il était arrivé à un point où il ne savait plus exactement ce qu'il faut croire. Bien que dans son cœur, la foi ne s'était pas perdue, il ne savait tout simplement pas quelle direction prendre pour trouver Dieu.

Karina entama la conversation :

— Et tes parents ? Vont-ils bien ?

— Je n'ai que mon père. Ma mère n'est plus.

— Désolée !

— C'est bon, ne t'inquiète pas !

— Ton père va bien ?

— Je pense que oui. Mais la vérité, c'est que nous ne parlons pas très souvent.

— Que s'est-il passé ?

— Rien d'important. C'est juste que lui et moi avons des points de vue différents.

— Veux-tu en parler ?

— Je ne sais pas si c'est approprié de te parler de mes problèmes familiaux.

— Tu peux le faire si cela peut te faire du bien.

— Parler de ça pourrait quelque peu soulager ma peine.

— Alors j'écoute, dit Karina, l'air curieux.

Paulo commença son histoire :

— Mon père est un pasteur de bon cœur. Nous avons eu un désaccord lors du décès de ma mère. Je pense qu'il vaut mieux que je parle un peu de ma mère, pour que tu puisses mieux comprendre l'histoire. Ma mère, quand elle était plus jeune, rêvait de travailler dans le secteur de la santé. Cependant, la vie en a décidé autrement. Et vu qu'elle était douée pour la coiffure, elle décida de travailler dans ce domaine, en ouvrant un salon de beauté. Ma mésentente avec elle remonte à mon enfance. Il se fait qu'elle voulait que je sois médecin afin qu'elle puisse réaliser son rêve à travers ma personne. Malheureusement, j'ai suivi un autre chemin professionnel, et depuis lors, ma relation avec elle et mon père s'est détériorée. Même au chevet du lit de l'hôpital, à quelques pas de la mort, elle ne m'avait pas pardonné d'avoir suivi ma propre volonté. Tu sais, le dernier jour où je l'ai vue, elle était alitée. Elle était en phase terminale d'un cancer et avait perdu beaucoup de poids. Je me suis senti désolé de la voir si faible dans ce lit d'hôpital. Je ne pouvais rien faire pour l'aider. Elle a toujours été une femme forte. Et ce fut un choc de la voir totalement impuissante et abandonnée à la tyrannie de la fatalité. Elle et moi conversions quand, tout à coup, je me suis mis à pleurer. J'avais perdu mes forces face à sa souffrance. Et tu sais quoi, elle m'a dit qu'elle se réjouissait de son départ imminent. Mais je ne pus me sentir bien quand elle me chuchota à l'oreille qu'elle aurait aimé être traitée par son fils. J'ai regretté sur le champ de ne pas avoir fait ce qu'elle avait souhaité. J'ai eu l'impression de ne pas être digne d'elle. Après ce jour-là, je n'ai plus eu le courage de lui rendre visite jusqu'à son décès. J'ai grandi en l'admirant. C'était une femme forte, une mère héroïque, une personne qui m'inspirait dans tout ce que je faisais. Je n'ai donc pas pu le supporter quand j'ai réalisé qu'elle n'était pas fière de moi à sa mort. Après son décès, je me suis éloigné de mon père aussi. Il se plaignait beaucoup du fait que je ne sois pas allé lui rendre visite durant ses dernières heures. C'est une situation un peu délicate et il est difficile d'en parler. Je regrette d'avoir agi de la sorte — les yeux de Paulo s'humectèrent de tristesse. Il passa la main sur le visage discrètement et poursuivit sa narration. — Aujourd'hui, presque quatre ans après tout cela, je comprends les motivations de ma mère. La vérité, c'est que les parents ont l'habitude de charger leurs rêves sur les épaules de leurs enfants. Dans mon cas, ma mère voulait que je sois médecin dès mon plus jeune âge. Je me rappelle qu'elle me faisait répéter que je serai médecin quand je serai grand. Cette répétition comptait comme punition chaque fois qu'elle me voyait dessiner ou peindre quelque part dans la maison. C'était sa façon de garantir un meilleur avenir pour son fils.

— Tu n'as jamais pensé à la possibilité d'être médecin ? demanda Karina.

— Non, jamais. La vérité, c'est que j'étais un garçon maladif. Dans mon enfance, j'ai passé tellement de temps à l'hôpital que j'ai fini par détester la médecine. En outre, l'autre grand dilemme de ma vie, c'est qu'au fond de moi-même, j'ignorais ce que je voulais faire quand je serais grand. Je me demande encore aujourd'hui ce que j'attends de la vie, et ce qu'elle attend de moi. Toujours est-il que je n'obtiens aucune réponse. À quarante-huit ans, après avoir été sans emploi pendant plus de deux ans, je ne sais toujours pas ce que je ferai quant à la prochaine étape de ma carrière.

Karina interrompit Paulo et lui demanda : « Comment subviens-tu à tes besoins ? »

— Dieu merci, je ne m'inquiète pas trop pour l'argent. Mon salaire était élevé lorsque je travaillais, j'ai donc pu économiser beaucoup d'argent à cette époque. Après le divorce, Mon ex-femme est restée avec notre appartement à Ipanema, et maintenant, je vis dans un petit logement de deux-pièces à Copacabana. En gros, je dépense très peu.

— As-tu essayé de converser avec ton père ? Je veux dire, lui parler honnêtement de ce que tu ressens par rapport à tout cela ?

— Cela ne servirait à rien. Il est comme ma défunte mère, il n'écoute jamais. Et cela fait plus de trois ans que nous n'avons pas eu une bonne conversation. Il m'en veut encore.

— J'imagine combien la perte de ta mère a été dure pour vous deux. Mais je crois qu'une conversation sincère est capable d'atténuer et peut-être même de résoudre ce conflit. On ne sait jamais à propos de ces choses-là ! Quant à ta mère, tu pourrais apprendre à lui pardonner, et surtout à te pardonner toi-même. Après tout, il semble que tout ce qu'elle ait fait, était pour te protéger. Mais en même temps, je vois qu'elle t'a laissé le droit de faire ce que tu voulais de ta vie.

— Je vois. Maintenant, je trouve difficile la conversation avec mon père. Comme il est Pasteur, il pense incarner la parole divine et se dit détenteur de la raison. Je ne sais donc pas comment il réagira.

— Seul Dieu connaît la vérité ! C'est bien pour cela que nous devons apprendre à faire la part des choses. Qui sait, la vie peut toujours nous surprendre.

— C'est vrai ! Mais que fais-tu lorsque tu te trouves en face de quelqu'un qui n'aime pas écouter les autres ?

— Se mettre à la place des autres est une tâche très ardue de nos jours. Généralement, lorsque je m'aperçois que quelqu'un n'aime pas écouter les autres, je me contente d'écouter cette personne. Parfois, nous apprécions davantage la conversation en restant silencieux.

Ils sourirent. Puis Paulo posa la main sur son front et réfléchit un instant. Perplexe, il demanda à Karina : « En parlant des multiples dilemmes de la vie, que fais-tu lorsque les doutes te tourmentent l'esprit ? »

— Je fais un exercice spirituel, une contemplation.

— C'est tout ?

— C'est tout ! répondit Karina, succincte et toujours souriante.

— Hmm ! Paulo fronça les sourcils. Est-ce si simple que ça ?

— Oui, c'est le cas.

— Comment fait-on une contemplation ?

— La contemplation est essentiellement une pratique spirituelle qui nous permet d'aller dans notre temple intérieur. Au fil du temps, nous apprenons à nous connaître. C'est une façon de rencontrer notre vrai « Moi » pendant que nous vivons ici sur Terre. C'est aussi une manière de vivre le bonheur en partant de l'intérieur vers l'extérieur. Ce qui nous permettra de trouver la paix ici-bas, quelles que soient les circonstances de la vie, qu'elles soient positives ou négatives.

— Quand tu parles du temple intérieur, parles-tu de l'âme ?

— Absolument !

— C'est amusant de constater que Socrate avait déjà fait cette réflexion il y a des millénaires.

— C'est vrai ! C'était quelque chose comme « connais-toi toi-même et tu connaîtras les dieux et l'univers ».

— Quand je pense à la déclaration de Socrate, la même question se pose, une énigme difficile à déchiffrer.

— Quelle est cette question ?

— Ce qui semble nous manquer pour nous sentir heureux, c'est la complétude, n'est-ce pas ?

— Oui, c'est le cas.

— Ma question sur le bonheur est la suivante : « Si tout l'univers existe en nous, si l'âme est déjà complète en soi, pourquoi alors projetons-nous notre plénitude sur les choses ou sur les personnes qui nous entourent ? » demanda Paulo.

— Le problème de la quête du bonheur, c'est peut-être le fait que nous dépensons trop d'énergie, de temps et d'argent, et qu'en fin de compte, rien ne nous satisfait. D'autre part, je crois que si nous cherchons à être spirituellement libres, c'est-à-dire si nous avons l'habitude d'entrer en contact quotidiennement avec notre plénitude intérieure, nous ne dépendrons pas du bonheur qui est basé sur les entités extérieures.

— Serait-ce cela aller au temple intérieur ?

— Exactement ! confirma Karina.

— Comme c'est intéressant ! Il fut un temps où je pratiquais la méditation. J'arrivais à faire taire mes pensées. Toutefois, je n'ai pas la certitude de m'être déjà rendu à mon temple intérieur. Qui sait, peut-être que je l'ai fait d'une façon inconsciente.

— Pour ce qui est d'aller au temple intérieur, la contemplation est une façon plus douce et en même temps plus active de le faire. C'est une pratique qui n'entre pas en conflit avec les pensées. Elle n'essaye pas de les forcer à se taire. Elle les laisse juste couler comme le fleuve de la vie. Parfois, celles-ci disparaissent. D'autres fois, elles deviennent cohérentes et pertinentes pour répondre aux incertitudes de l'instant présent.

— Est-il également possible de faire de la contemplation en chantant un mantra ? demanda Paulo.

— Oui, bien sûr !

— Je vois que beaucoup de gens aiment chanter OM. Connais-tu un autre mantra qui a une vibration pareille ?

— Oui, j'en connais. Outre OM, je chante aussi HU. Je m'aperçois que la vibration HU est un peu plus subtile. Néanmoins, chacun est libre d'avoir une préférence pour un mantra particulier.

— Karina, as-tu déjà eu une perception pendant tes contemplations ? Je veux dire, une idée créative, une réponse à une question ou une solution à un problème de la vie ?

— J'en ai déjà eu. En fait, c'était à plusieurs reprises. Mais au-delà du moment de la contemplation, des intuitions peuvent apparaître à toute heure de la journée. Parfois avant de se coucher, en rêve, ou quand on est silencieux. Je crois que si nous ouvrons nos cœurs, nous serons toujours en communication avec l'univers. Ainsi, nous pouvons recevoir une idée du ciel pour résoudre nos problèmes ici-bas.

Le visage heureux, Paulo affirma : « En parlant de l'univers, on dit qu'il conspire en notre faveur. Maintenant, je vois clairement comment la vie peut être une bénédiction quand on sait écouter et coopérer avec l'ensemble des choses qui nous entourent. »

— C'est vrai ! En fin de compte, tout dépend de nous. C'est pour cela que j'aime dire que la vie est simple.

Paulo consentit à l'affirmation de Karina et répliqua : « Tu as une façon si suave de voir la vie ! Je ne peux que te remercier d'apprendre de toi. »

— Je suis heureuse de parler de la vie ! dit Karina, le visage débordant de satisfaction.

Du haut de la colline du Corcovado, Paulo regarda les quartiers en contrebas, et la vue de la ville l'enchanta. Il ferma alors les yeux et sentit instantanément une vague de paix conquérir son cœur. Pendant ce bref instant, il eut le sentiment que l'univers et lui ne formaient qu'une seule entité. Il inspira un air doux et murmura : « Je pense que je devrais rendre visite à mon père immédiatement. Je veux lui parler de ce que je ressens à propos de tout ce qui s'est passé entre nous. »

— Ne devrais-tu pas l'avertir avant de partir ? demanda Karina.

— Je n'ai pas à le faire. Depuis qu'il est retraité, il passe toute la journée chez lui.

Ils descendirent du Christ, et en marchant, Paulo perçut qu'il était beaucoup plus facile de descendre que de monter. Cela le fit penser à son propre vécu. Il lui avait fallu de nombreuses années pour se construire une vie décente et soudain, en peu de temps, il avait tout perdu. Mais, heureusement, il savait maintenant que le bonheur de l'être ne dépend pas des choses extérieures.

Quand ils se dirent au revoir, Karina lui lança : « Bonne chance avec ton père ! »

— Merci, Karina !

Et chacun suivit son chemin.

La voie

La mort de Diego avait été une réalité difficile à accepter pour Paulo. Il aimait profondément son cousin, et cette perte, d'une certaine manière, avait également contribué à ses différends avec son père. À cette époque, Paulo essayait en vain de comprendre la Justice Divine. Il se demandait comment Diego avait pu perdre la vie à l'aube de son existence. Gabriel, son père, n'était pas d'une grande aide dans ce processus de quête intérieure. Pour expliquer tout ce qui se passait dans leur vie, celui-ci récitait les versets bibliques, ni plus ni moins. Paulo en était arrivé au point où il ne pouvait plus supporter les sermons de son père. Durant cette période de frustration quant à ses questionnements sur la vie, il se réfugiait dans le football. Ce sport favori des Brésiliens lui remontait le moral. Il jouait donc chaque partie comme si c'était la dernière.

Paulo manquait les services religieux pour jouer au ballon, et son père, grand pasteur, essayait de cacher sa honte devant les fidèles de sa congrégation. Un jour, Gabriel lui dit : « Tu es le fils d'un pasteur et tu ne devrais pas être dans la rue avec des gens qui ignorent l'évangile. » C'est incroyable à quel point Paulo était différent de son père ! Il n'avait aucunement le profil d'un croyant.

Des années plus tard, lorsque Paulo perdit son emploi, son père, au lieu de le soutenir, le blâma, alléguant qu'il lui avait offert la main de Dieu, mais que ce dernier avait préféré le chemin de la perdition. Paulo cessa de compter combien de fois son père lui aurait dit : « Ne crois-tu pas qu'il vaut mieux sauver des vies que de travailler avec les finances ? » Celui-ci n'avait jamais pu accepter le fait que son fils ait choisi d'être économiste.

En remontant dans le passé, le désenchantement de Paulo envers son père avait des racines profondes. Un soir, il l'interrogea sur le sens de la vie. Ne pouvant pas lui répondre, son père se contenta de dire : « Tout dans la vie se passe par la Grâce Divine. » En fait, il évoquait tout le temps la Grâce Divine pour répondre aux questions de son fils. C'était comme une formule qui convenait à toutes sortes de questions. Paulo commença alors à douter de son père et était également déçu parce qu'il pensait qu'un pasteur devrait avoir toutes les réponses. « À quoi servent tous nos efforts pour trouver le bonheur ici-bas quand on sait que nous venons et partons les mains vides ? » C'était l'une des nombreuses questions que Paulo emportait avec lui partout où il allait.

À présent, il décida de rendre visite à son père après avoir parlé avec Karina. Il se rendit donc dans la maison où il avait grandi, non loin de la plage de Botafogo.

— Bonjour, papa !

— Bonjour, mon fils !

— Tout va bien par ici ?

— Oui, ça va ! Et toi ?

— Ça va bien aussi.

Ils se turent pendant un instant, et le temps leur pesa sur les épaules. Gabriel semblait peu enthousiaste à l'idée de recevoir son fils. Il savait qu'il y a des blessures que le temps ne guérit pas.

L'amertume, bien qu'elle ne soit pas visible à l'œil nu, est une blessure cachée au fond de l'être. Parfois, il suffit de quelques mots aimables pour adoucir le cœur de la personne blessée et dissiper son ressentiment. Comme Karina l'avait dit à Paulo, une conversation sincère est capable d'atténuer et peut-être même de résoudre une situation conflictuelle.

Finalement, Gabriel rompit le silence :

— Pourquoi as-tu cessé de lui rendre visite ?

— À qui ? demanda Paulo, cherchant à s'esquiver des réclamations de son père.

— À ta mère.

— La dernière fois que je suis allé la voir à l'hôpital, elle m'a dit qu'elle aimerait que je sois le médecin qui s'occupait d'elle. J'ai remarqué qu'elle ne m'avait pas pardonné pour avoir choisi une profession autre que celle du domaine de la santé. J'ai donc pensé que je n'étais pas digne d'elle et je ne suis plus retourné à l'hôpital.

— Tu sais très bien comment était ta mère. Elle a toujours été une personne obstinée, mais cela ne veut pas dire qu'elle ne t'aimait pas.

— C'est vrai. Je la comprends mieux aujourd'hui.

— Tu as l'air plus sage. Que t'arrive-t-il ?

— C'est juste que nous apprenons à nous connaître au fil des ans. Aujourd'hui, je sais que je vous ai fait de la peine et je vous présente mes excuses du fond du cœur.

— J'ai souffert de la perte de ta mère, mais ma peine fut grande lorsque tu t'es éloigné de moi. Maintenant, je suis content de pouvoir guérir les blessures du passé.

— J'en suis heureux aussi.

Ils s'embrassèrent tous les deux avec leurs joues trempées des larmes du pardon. Puis Paulo dit : « La femme de ménage m'a dit qu'en ces temps-ci, vous allez à l'église avec peu de fréquence. »

— C'est vrai ! Après ma retraite, j'ai passé des mois à la maison, ce qui m'a permis de comprendre quelque chose de très important.

— Quoi donc ?

— Mon fils, je suis arrivé à la conclusion que dans notre for intérieur, il y a tout ce dont nous avons besoin pour mieux vivre. De plus, le royaume de Dieu ne se trouve dans aucun culte ou temple en particulier. Il est au cœur même de chaque être. Et l'unique voie qui mène au Saint-Père est l'Amour.

Stupéfait, Paulo écoutait son père parler du chemin qui mène à Dieu, un trajet qui ressemblait beaucoup à celui que Karina avait mentionné sur le monument du Christ. D'une certaine façon, les deux parlaient du voyage au temple intérieur de l'être.

Pour la première fois de sa vie, son père lui dit quelque chose qui l'aiderait à résoudre un des grands dilemmes de l'existence. Il souriait à son père pendant qu'il éprouvait une joie totale dans son cœur. Comme un enfant qui a longtemps eu soif de la parole divine, il demanda : « Comment trouver l'amour dans notre vie quotidienne ? »

— C'est simple, mon fils. Dans la Bible, à Matthieu 22 :37-39, Jésus répondit : « Aime le Seigneur ton Dieu de tout ton cœur, de toute ton âme et de tout ton esprit. C'est le premier et le plus grand commandement. Et le second est semblable : aime ton prochain comme toi-même. »

Ce jour-là, Paulo et Gabriel se livrèrent au sentiment du pardon. Ils se souriaient de nouveau. Dans l'harmonie des émotions, père et fils se réconcilièrent pour former une unité — l'Amour.

Les diamants de connexion

Un beau jour, Paulo se réveilla avec un état d'esprit plus serein. Il savait maintenant que son père n'avait jamais cessé de l'aimer. Peu après son réveil, il répondit aux messages de ses enfants sur WhatsApp et envoya un « Salut » à Karina.

[Salut Karina, ça va ?]

[Bien, et toi ?]

[Bien, aussi. Je viens juste de me rappeler notre conversation sur la contemplation.]

Le message de Karina disait : « Tout s'est bien passé avec ton père ? »

[Oui, nous n'avons plus de différend. Merci de m'avoir suggéré de lui parler. Que dirais-tu de nous rencontrer au Jardin Botanique pour que tu puisses m'en dire plus sur la contemplation ? Ça pourrait être le jour qui te va le mieux.]

[Si tu veux, nous pouvons y aller demain à neuf heures du matin.]

[Ça me va très bien. Encore une fois, merci pour tout !]

[De rien ! À demain !]

[À bientôt !]

Karina trouva l'idée intéressante, car cela lui permettrait de faire deux choses qu'elle aimait beaucoup — se promener et partager un peu de ce qu'elle savait sur la liberté spirituelle. Il convient de souligner qu'elle n'était pas du genre à parler à tout le monde de sa croissance spirituelle. Elle ne le faisait qu'avec les personnes qui voulaient en savoir plus sur les vérités de l'existence et qui lui demandaient d'en parler. « Si je peux trouver la paix en moi-même, pourquoi ne pas la partager avec les autres ? », pensait-elle. De plus, elle avait une bonne énergie, et les gens voulaient savoir d'où venait cette vibration. Un jour, un de ses amis lui demanda : « Karina, tu es toujours heureuse. Comment fais-tu cela ? ». Ce à quoi elle répondit : « J'aime penser que la vie est belle. » Cette explication n'avait pas de sens pour cet ami, car ce dernier ne savait que parler de ses problèmes personnels.

En réalité, Karina pratiquait une loi intérieure selon laquelle, elle ne devrait pas raconter ses peines à d'autres personnes. Cela étant, elle semblait toujours heureuse, quand bien même elle aurait des problèmes et des difficultés comme tout le monde. Elle pratiquait les lois du silence et du contentement, gardant sa souffrance pour elle et offrant ses oreilles à ceux qui avaient besoin de crier leurs joies ou de pleurer leurs agonies. Quand on vit de cette façon-là, la vie ne peut être qu'une expérience fascinante, mais également satisfaisante.

Après avoir échangé des messages avec Karina, Paulo se leva du lit et prit son petit déjeuner. Puis, il alla faire du jogging aux alentours de la plage. Depuis leur rencontre, il avait adopté de nouvelles habitudes dans son quotidien. Il savait désormais que le corps et l'esprit ne font qu'un et que pour qu'ils fonctionnent correctement, il faut les coordonner de manière harmonieuse. Ulysse, un de ses amis, devenu célèbre pour savoir prendre soin du corps, lui avait déjà dit que tout homme bien portant abrite un esprit libre et serein. Après le jogging, le reste de la journée se déroula normalement. La nuit venue, Paulo dormit comme un enfant, et le lendemain, il alla retrouver Karina.

Elle était la première à arriver et attendait déjà à l'entrée du Jardin Botanique. Cet établissement, avec sa végétation luxuriante et sa beauté exotique, est considéré comme l'espace vert le plus exquis et le mieux préservé de Rio. On y trouve plusieurs types de flore d'origine nationale et internationale, des monuments de grande valeur artistique et historique et une variété d'objets archéologiques.

Après s'être salués, Karina et Paulo se mirent à marcher le long de l'avenue des palmiers. Elle voulait lui montrer un palmier qui avait été planté exactement le jour de la naissance de l'un de ses frères. Elle ne manquait pas l'occasion d'observer ce palmier, chaque fois qu'elle se rendait au Jardin Botanique.

— C'est intéressant de pouvoir observer la croissance du palmier et de ton frère en même temps, remarqua Paulo, émerveillé par la vue de l'arbre.

— C'est vrai ! C'est une bonne expérience de voir comment les humains et les plantes se développent. Aujourd'hui, mon frère est adulte et le palmier est géant.

Après une petite pause, Paulo demanda : « Karina, tu m'avais parlé de la contemplation. Comment as-tu découvert cette pratique spirituelle ? »

— C'est une histoire relativement longue.

— Nous avons le temps d'une vie, affirma Paulo, d'un air drôle.

Ils rirent, car c'était la même phrase que Karina lui avait dite le jour de leur rencontre. Elle se mit à parler, tandis que Paulo restait attentif et en même temps curieux.

— En 1976, je travaillais comme hôtesse de l'air pour une compagnie aérienne allemande. C'était une période intéressante de ma vie, un peu fatigante, mais fascinante. En fin de compte, cela valait la peine d'avoir vécu cette expérience. Cette fabuleuse sensation d'être libre haut dans le ciel me rendait heureuse, au moins pendant quelque temps. J'avais commencé ce travail afin de combler un vide que je ressentais au fond de mon cœur. C'était une profonde insatisfaction que je portais en moi depuis l'enfance. J'ai donc pensé qu'être hôtesse de l'air pourrait réjouir mon cœur, mais j'avais tort. Au fil du temps, j'ai réalisé qu'il me fallait trouver quelque chose de plus pour accéder à la paix intérieure. C'est ainsi que j'ai pris un cours de pratique spirituelle qui enseignait aux gens comment méditer. Ils m'ont appris à me rendre dans mon temple intérieur. Quand j'ai fait ma première expérience de méditation, j'ai réalisé que c'était ce que j'avais cherché toute ma vie. Cette pratique m'a procuré un apaisement sans précédent. Je me sentais légère comme une plume et j'en étais heureuse. Cela m'a fait apprécier à nouveau le bon côté de la vie. Plus j'avais de contact avec mon monde intérieur, plus j'acceptais la nature des choses qui m'entouraient dans le monde physique.

« La découverte de cette pratique spirituelle a été une étape extrêmement importante pour moi. Mais, au fil du temps, le groupe de méditation décida d'orienter son énergie vers d'autres aspects de la spiritualité. Ils se concentraient désormais sur la lévitation, une pratique psychique qui ne m'intéressait absolument pas. J'ai ensuite rencontré un groupe de Rio de Janeiro créé par un Français du nom de Pierre, qui s'occupait principalement de la psychologie transpersonnelle. Il vivait à Belo Horizonte et coordonnait le groupe à Rio et également à Recife. J'ai commencé à participer aux activités de ce groupe et j'ai rencontré de nombreuses personnes qui donnaient des cours intéressants, dont certains moines tibétains. Un jour, j'ai reçu un appel téléphonique de leur part m'invitant à assister à une conférence spirituelle qui serait donnée par une Allemande. Celle-ci vivait à Belo Horizonte. Elle vivait dans la même copropriété que Pierre et, grâce à lui, elle put inviter toutes les personnes du groupe. Cette conférence portait sur la liberté spirituelle. De nombreuses années auparavant, j'avais déjà entendu parler de cette philosophie de vie. Cela s'était produit alors que j'étais encore hôtesse de l'air. À l'époque, j'avais une collègue, Monika, qui pratiquait aussi la méditation, et nous avions l'habitude d'échanger des idées sur les questions spirituelles. Ce jour-là, nous étions à Dakar, assises au bord de la plage, contemplant la beauté de la mer, quand soudain, elle m'a demandé si j'avais déjà entendu parler de la liberté spirituelle. J'ai dit non, et elle m'a transmis quelques informations. Elle disait également qu'il est important d'avoir un maître spirituel pour guider nos pas vers la liberté spirituelle.

« Il se trouve qu'à cette époque, Monika partageait son appartement avec une autre hôtesse de l'air. Un soir, elle est allée à la cuisine pour boire de l'eau. Le lendemain, sa colocataire lui demanda si elle était allée à la cuisine pour prendre un verre d'eau la veille. Monika a répondu que oui, demandant à son interlocutrice comment cette dernière pouvait le savoir. Sa colocataire répondit qu'elle était présente dans le corps de l'âme. C'est exactement comme ça que Monika m'a raconté l'histoire. Suspicieuse, elle m'a demandé si je ne trouvais pas tout cela étrange. J'ai répondu que oui.

« Une autre information que Monika m'a donnée est que selon les préceptes de la liberté spirituelle, on dit que l'âme reçoit un corps pour faire des expériences à l'école de la vie. J'ai aimé cette idée. Quand j'y ai réfléchi, j'ai réalisé que ce n'était pas une conception absurde de voir l'âme de cette façon. Alors, lorsque j'ai reçu l'invitation pour la conférence, je me suis vite souvenue de la conversation sur la plage de Dakar. « Je crois que c'est ce dont Monika m'a parlé », ai-je pensé sur-le-champ. J'ai imaginé que cette nouvelle expérience pourrait répondre à mes attentes, mais j'avais besoin de voir cela de mes propres yeux. C'est comme ça que je suis allée à la conférence. Durant sa présentation, l'Allemande, appelée Ingrid, a beaucoup parlé des maîtres spirituels et de l'importance d'être guidé par ceux qui ont déjà fait un pas de plus dans la spiritualité. Quand on vit sur terre, les défis ne s'épuisent pas, et les leçons sont multiples. Après tout, la vie est une école. Comment progresser spirituellement sans qu'un maître ne puisse montrer le chemin ? Ne serait-il pas mieux d'apprivoiser la peur quand on apprend avec ceux qui l'ont déjà surmontée ? Bien sûr que si ! Ingrid a également souligné que les véritables maîtres spirituels ne font que montrer le chemin, permettant ainsi que l'élève de l'école de la vie puisse progresser de lui-même.

« J'ai écouté attentivement Ingrid parler du sujet, mais j'ai quitté la réunion avec la sensation de ne pas être digne de ces enseignements. J'avais le sentiment qu'ils étaient trop élevés pour moi. Quand je suis rentrée à la maison, je me suis endormie. Le lendemain, j'ai fait ma méditation dès mon réveil. Et la petite voix, mon Maître intérieur, a dit : « Va à la rencontre d'Ingrid, la femme de la conférence d'hier. » J'avais déjà appris à écouter cette voix intérieure dont je ne doutais jamais. J'ai donc décidé d'aller parler avec Ingrid. Sachant dans quel hôtel elle se trouvait, je l'ai appelée pour lui dire que j'avais assisté à sa conférence la veille. Elle n'a pas tardé à me demander si j'avais déjà pris mon petit-déjeuner. J'ai dit que non. Et elle m'invita pour aller le prendre avec elle. J'ai accepté sans tarder. Lors de notre conversation, j'ai appris qu'elle avait également pratiqué la méditation auparavant. De cette façon, nous avions quelque chose en commun. Nous avons beaucoup parlé, et cela s'est avéré être une discussion agréable, un échange d'expériences intéressantes. Ce jour-là, j'ai appris nombre de choses, comme la différence entre la méditation et la contemplation. À la fin du dialogue, je me suis dit : « Qui sait, ce chemin est peut-être pour moi. Pourquoi ne pas l'essayer ? »

« Au moment de nous séparer, Ingrid a dit qu'elle retournerait à Rio dans deux mois. Aussitôt, le maître intérieur a suggéré que je l'invite à rester chez moi. Ce que j'ai fait. Quelque temps après, Ingrid est retournée à Rio pour donner d'autres conférences pendant plusieurs mois consécutifs et au fil du temps, nous sommes devenues amies. Un soir, elle me demanda si je ne me lassais pas d'écouter la même chose à maintes reprises. Je lui ai répondu que j'aimais bien entendre les choses qu'elle disait à propos de la liberté spirituelle. Lorsque je suis allée à la dernière conférence, une femme assise à mes côtés m'a dit qu'elle pensait s'inscrire à ce cours de liberté spirituelle. Je n'ai pas tardé à en faire de même. Beaucoup de choses se sont passées de cette façon dans ma vie. Quelqu'un à côté de moi décide de faire quelque chose et c'est comme si l'univers me suggérait d'en faire de même.

« Deux mois après notre inscription, cette femme m'a dit que cette voie spirituelle n'avait rien à voir avec elle. Elle a donc renoncé à ce voyage spirituel. En réfléchissant à ce qui s'était passé avec elle, j'ai remarqué que chaque personne a sa nature et sa relation personnelle avec l'univers. J'ai aussi compris qu'il y a plusieurs religions, philosophies de vie et chemins spirituels qui répondent aux besoins de chaque personne selon son niveau de conscience. Bien que nous marchions tous sur la même route qu'est la vie, chacun de nous a ses bagages, ses histoires et ses expériences. Chacun de nous porte sa croix. Ingrid a déjà dit que l'âme est une entité individuelle.

« Je me souviens de m'être inscrite en décembre, et Ingrid quitta le Brésil en avril de l'année suivante. Je me suis sentie abandonnée, car je n'avais personne d'autre à qui parler de cette vie de quête spirituelle, de ce désir de découvrir la réponse à la question de toujours, cachée dans un recoin de mon âme : « Qui suis-je ? » Quelques mois plus tard, en discutant avec deux amies, elles se sont intéressées aux préceptes de la liberté spirituelle et ont décidé de prendre des cours sur le sujet. Nous étions toutes les trois des amies de longue date. J'étais heureuse de pouvoir partager cet aspect spirituel de la vie avec elles. Une chose amusante s'est produite juste après avoir commencé le cours de la liberté spirituelle. J'en parlais à tous ceux que je connaissais en les invitant à participer eux aussi. Un jour, j'ai été surprise par la question d'une femme. Elle voulait savoir en quoi consiste vraiment cette philosophie de vie. Ce fut une époque où je ne savais pas encore comment exprimer ce que je ressentais lorsque je me rendais dans mon temple intérieur. Je lui ai donc répondu que la liberté spirituelle marche bien pour moi. »

Karina se mit à rire et continua : « Cela s'est avéré être une bonne réponse. Des mois après cet incident, j'ai reçu un appel d'un jeune homme anglais, qui était venu à Rio pour rendre visite à son oncle. En fait, il était à moitié anglais et à moitié Bolivien. Il s'avère qu'il était également un étudiant de la liberté spirituelle. Ce qui est intéressant, c'est qu'il avait prévu de ne rester qu'un mois à Rio mais il a fini par y rester durant trois ans. Il m'a été d'une aide précieuse, car nous avons commencé à donner des conférences ensemble sur le thème. C'était un excellent partenariat ! Au fil du temps, j'ai pris l'habitude de parler de ce concept spirituel. Et pour terminer les conférences, je disais toujours ceci : « Selon les principes de la liberté spirituelle, l'âme est individuelle et existe parce que Dieu l'aime. » Vois-tu, Paulo, comment l'univers conspire en faveur de chaque âme ? Pendant trente-deux ans, j'ai recherché la liberté spirituelle et j'ai vécu diverses expériences que j'appelle aujourd'hui des diamants de connexion. Ce sont des événements de nos vies, munis de lignes invisibles, les reliant les uns aux autres, comme faisant partie d'un plan divin. »

Paulo garda le silence pendant quelques secondes, puis dit : « Comme c'est intéressant ! Je te remercie de m'en avoir parlé. Ton histoire montre bien pourquoi tu es une personne si équilibrée et aimante. »

— Je dois remercier l'univers pour tous ces diamants de connexion. C'est pour cela que j'aime dire aux gens que vivre en étant spirituellement libre est une merveilleuse façon d'exister ici-bas.

Karina et Paulo se promenèrent un peu parmi les arbres du Jardin Botanique. En observant la végétation du lieu, Karina remarqua le pouls de la vie à travers le bruissement des feuillages qui balançaient au gré du vent. Après quelques heures de marche, ils se dirent au revoir, en promettant de se revoir.

*La blessure est l'endroit
où la lumière entre en vous.*
Rumi

Un trésor

En mars 1980, le jour de la rentrée, Paulo et ses nouveaux camarades de classe attendaient le professeur. Il était nouveau dans cette école. Renata était assise sur une chaise, près de l'entrée de la classe. Paulo l'avait regardée quand il entrait dans la salle. C'est à ce moment-là, rapide comme l'éclair, que son intérêt pour Renata commença. Elle lisait un roman. Elle était si concentrée qu'elle ne remarqua pas que quelqu'un l'avait notée.

La seule chaise disponible était à l'autre bout de la salle. Paulo y alla s'asseoir. Les autres élèves parlaient et faisaient beaucoup de bruit. Ils n'avaient même pas remarqué la présence du nouveau venu. Paulo retira un cahier et un stylo de son sac à dos et soudain, entendit : « Quoi de neuf, frère ? » C'était Hélio.

— Rien de neuf, frère, Paulo répondit, sur un ton sérieux.

— Tranquille, mec !

Hélio ne dit rien de plus et rejoint le reste de la classe. Le professeur entra dans la salle, et la classe suivit son cours comme d'habitude. Le professeur ne remarqua pas qu'il y avait un nouveau venu. En réalité, il ne voulait pas en savoir. Il ne faisait rien d'autre qu'enseigner ses leçons, toujours assis devant les élèves. Il les regardait rarement, se contentant de lire le sujet du cours dans un livre. Ainsi demeura-t-il durant toute la classe d'Histoire du Brésil.

Les élèves ne faisaient pas non plus attention à l'enseignant. Outre Paulo, Renata et sa meilleure amie Beatriz essayaient d'apprendre quelque chose de cette lecture. Paulo, assis de l'autre côté de la classe, remarqua à quel point Renata prenait ses études au sérieux. Il trouva cela surprenant, car le professeur lui-même n'avait pas l'air d'aimer ce qu'il enseignait.

Quelques heures après, la sonnerie qui annonçait la récréation retentit. Sans tarder, les étudiants se précipitèrent hors de la salle. Le professeur fut beaucoup plus rapide qu'eux. On aurait dit que quelqu'un l'avait obligé à être enseignant. Il s'empressa donc de sortir, en courant comme une fusée à la poursuite des étoiles. Ce malheureux monsieur n'aimait pas du tout son travail.

Les élèves s'entassèrent dans la cafétéria de l'école. N'ayant pas trop faim, Paulo décida d'attendre la sortie des classes pour savourer le délicieux déjeuner de sa servante. Cette dernière se nommait Maria Rosa, mais tout le monde l'appelait « Doce », parce que les desserts qu'elle préparait avaient un goût de miel. C'est elle qui a le plus éduqué Paulo. Alice, la mère de Paulo, passait toute la journée dans son salon de beauté. Gabriel, son père, se consacrait à l'œuvre divine, prêchant la parole de Dieu parfois dans les salles d'église, parfois dans la demeure d'autrui.

Dans la cour de la nouvelle école de Paulo, il y avait un banc sous un manguier. Il s'assit là et se mit à observer la navette de ses camarades de classe. Renata s'appuya sur le balcon, à l'entrée de la classe. Ses cheveux volaient au rythme de la douce brise mouvante. De loin, elle brillait comme le soleil. Paulo la vit et à cet instant-là, sut dans son cœur qu'il venait de trouver une pierre précieuse, dont il devait en prendre soin, un joyau qu'il devait préserver pour le reste de sa vie.

Assis sereinement, il posa les yeux sur Renata et ne les détourna plus pendant un bon moment. Il avait l'impression de la connaître depuis longtemps, comme s'il n'y avait pas de secrets entre eux. Il exhala alors un soupir silencieux, un soupir qui créa le pont invisible de l'amour, la route qui unissait son univers à celui de Renata. Elle lui lança un beau sourire. Puis, l'amour lui-même conquit la cour d'école, jouant sa mélodie dans le cœur des tourtereaux. L'amour était partout, et pourtant seuls Paulo et Renata s'en apercevaient. Les yeux débordant de tendresse, ils se regardaient discrètement, et ainsi, le lien entre eux se fit réalité, sans qu'aucun mot ne soit prononcé.

Après un moment, Renata se sentit gênée et quitta le balcon. Le cœur battant à toute vitesse, lui sortant presque de la poitrine, Paulo tourna les yeux vers le ciel et le remercia d'avoir connu son âme sœur, l'amour de sa vie. C'est du moins ce qu'il pensa ce jour-là, ignorant que l'avenir garde toujours une carte dans la manche.

La sonnerie retentit de nouveau, et les élèves s'empressèrent de retourner en classe. Paulo ne se précipita pas, car il croyait savoir ce dont il avait besoin pour mieux vivre. Dans son esprit, il n'avait besoin que de l'amour de Renata. Et au fond du cœur, il savait ce qu'il fallait faire pour satisfaire cette passion soudaine.

En allant du patio à la salle de classe, il se souvint d'un poète qui aurait affirmé : « Ah ! L'amour, ce trésor mystérieux et invisible, toujours à nos côtés, voulant nous aimer maintenant et pour toujours. Pour ceux qui le convoitent sur la route de la vie, il suffit juste de regarder et d'écouter avec le cœur. » Eh, oui, Paulo avait ouvert les yeux du cœur afin de contempler la ravissante Renata, qui scintillait comme un diamant.

Il arriva finalement dans la salle de classe. Il venait de s'asseoir quand Hélio lui apparut. Celui-ci lui parla d'une manière franche.

— Je sais que tu as un faible pour Renata. Je veux juste te dire qu'elle est très catholique. Je la vois à la messe tous les dimanches. Elle ne parle jamais aux garçons et ne sort jamais avec personne. Sa mère la surveille tel un chien qui ne lâche pas l'os. De plus, Renata ne veut qu'étudier et être la meilleure élève de sa classe.

Hélio ne remarqua pas que tout ce qu'il venait de dire ne faisait que rendre Paulo encore plus fou de Renata. Paulo aimait les filles intelligentes, calmes et gentilles. Renata était comme ça, et en plus, elle ne cessait jamais de sourire. Paulo demanda à Hélio : « Est-elle la meilleure élève de la classe ? »

— Oui, c'est elle. Elle l'a toujours été, depuis que nous sommes mômes. Je suis allé à l'école primaire avec elle. Elle ne fait rien d'autre qu'étudier. Je voulais juste t'avertir. Ne perds pas ton temps avec cette fille.

Après avoir écouté Hélio, Paulo sourit avec satisfaction.

Le professeur de mathématiques entra dans la salle, et Hélio dut retourner à sa table. Paulo trouva que Renata ressemblait à sa mère Alice, une femme forte et indépendante. Malgré l'héritage de son mari, celle-ci courait après ses rêves. Il n'y avait qu'une seule chose qu'elle désirait ardemment et qu'elle n'avait pas pu concrétiser. Elle voulait étudier pour travailler dans le domaine de la santé. Mais cela n'avait pas eu lieu, car elle avait dû opérer ses yeux juste avant la date de l'examen. Cet événement inopiné l'avait éloignée de son rêve. Elle ne s'était pourtant pas découragée. Elle suivit un cours de coiffure professionnelle et devint la personne la plus qualifiée du quartier. Cheveux d'homme ou de femme, lisses ou bouclés, elle avait le secret de la meilleure coupe.

En plus d'être coiffeuse, Alice avait un côté entrepreneurial. Peu après l'ouverture du salon de beauté, elle constata que les femmes aimaient aussi prendre soin de leur corps. Là où elle vivait, les gens faisaient plus attention à l'aspect physique de la vie. Alice y vit une occasion de se faire un nom. Son ambition, bien qu'opportuniste, n'était pas déraisonnable. Elle ne voulait qu'aider les femmes à être elles-mêmes, belles, émancipées et sûres d'elles. Elle loua donc la boutique à côté du salon et se mit à vendre des vêtements, des bottes et des chaussures de toutes sortes, des montres, des lunettes de soleil et des bijoux. Quelques années plus tard, sa créativité alla encore plus loin lorsqu'elle se lança dans la vente de téléphones portables et d'accessoires téléphoniques. Cela étant, son salon et son magasin étaient connus et aimés de tous dans le quartier.

Pendant que le professeur de mathématiques parlait d'équations, Paulo énumérait dans son esprit les exploits de sa mère entreprenante et essayait de trouver des similitudes entre elle et Renata. Comme Renata était la meilleure élève de la classe, Paulo voyait en elle le reflet de sa mère. Par conséquent, il nourrit davantage l'intérêt qu'il lui portait. Lorsque l'enseignant demanda aux élèves de former de petits groupes, il se joignit à Renata et Beatriz. C'est ainsi que Renata et Paulo devinrent amis. Des années plus tard, ils commencèrent à se fréquenter et finirent par se marier.

Reine du foyer

Paulo voulait vraiment avoir une relation amoureuse avec Renata. Mais cela était impossible vu le fait que les parents de cette dernière la surveillaient tout le temps. Paulo finit par s'intéresser à Charlotte, une cousine de Renata, qui vivait en France et qui, de temps à autre, passait les vacances à Rio.

C'était l'anniversaire de Renata, et Paulo et Beatriz étaient les seuls invités de la classe. À part eux, il n'y avait que quelques cousins de Renata. Parmi eux, se trouvait Charlotte, la petite amie de Paulo. Les invités sont montés sur la terrasse, au troisième étage, où se trouvait un espace avec la nourriture et les boissons de la fête. La mère de Renata, voyant Paulo s'approcher du gâteau, s'exclama : « Faites de la place au roi ! » Et, oui, aux yeux de tous, Paulo avait des airs d'un roi, mais au fond de son cœur, sa reine lui manquait. Bien qu'il aimât le côté français de Charlotte, son cœur appartenait à Renata. Lui et Renata éprouvaient un sentiment très fort l'un pour l'autre. Malheureusement, ils ne pouvaient pas le démontrer. Devant tout le monde, ils n'étaient qu'amis, afin de ne pas contrarier les parents de Renata.

Paulo avait de nombreuses fois déclaré sa flamme à Renata. À chaque fois, elle lui répondait : « Je t'aime aussi. » Malgré leur attirance mutuelle, Paulo ne voulait pas attendre trop longtemps pour avoir sa première petite amie. De plus, il ne pouvait plus supporter le fardeau qu'est de désirer quelqu'un avec qui l'on ne peut qu'être ami. Par conséquent, lorsque Charlotte voulut sortir avec lui, il n'hésita pas à s'attacher à elle. Il a même pensé qu'il pourrait oublier Renata avec cette nouvelle relation. Pauvre de lui ! Comme la plupart des amoureux, il lui fallait plus de temps pour réaliser que l'amour a sa propre logique. Un être aimant a, une fois, dit : « L'amour est un sentiment qui apparaît lorsqu'on ne le planifie pas, un sentiment que l'on ressent, mais qu'on ne peut comprendre ni expliquer. » D'autres disent que l'amour est Dieu. De toute façon, les jeunes gens réfléchissent peu à la signification de l'amour. Ils aiment, ils tombent amoureux, et parfois, ils confondent l'amitié avec l'amour. Paulo était comme ça aussi.

Renata ne se souciait pas de la relation de Paulo avec sa cousine. Après tout, elle et Paulo n'étaient que des amis. Un jour, il lui a même demandé : « Ma relation avec Charlotte ne te dérange pas ? »

— Non ! Pourquoi cela me dérangerait ? Je me réjouis pour vous.

Paulo fut non seulement surpris, mais quelque peu offensé par la réponse de Renata. Il pensa qu'elle ne l'aimait plus. Dans le cas contraire, elle aurait été gênée par la situation. Il faut cependant comprendre que Renata savait que la relation de Paulo et sa cousine n'allait pas loin. Charlotte n'avait pas l'habitude de sortir trop longtemps avec quelqu'un. Lorsqu'elle était en France, elle sortait avec un Français. Lorsqu'elle venait à Rio pour ses vacances, elle sortait avec un Carioca. Ses amourettes étaient des aventures d'adolescents. Un jour, elle allait au cinéma avec quelqu'un et le lendemain, elle le faisait avec quelqu'un d'autre. Elle était sortie avec tant de garçons que Renata perdit le compte.

Paulo était l'un de ces amoureux de l'été, qui apprenaient quelques mots de français avec la belle et raffinée Charlotte. Celle-ci aimait frimer avec son français. Paulo apprit à faire la bouche pointue en prononçant « tu » et « plus ». Il savait maintenant comment dire « Je t'aime, chérie de mon cœur ». C'est la première chose qu'il disait à Charlotte quand ils se rencontraient. Ravie et souriante, elle lui répondait : « Oh ! Mon lapin doré, je t'aime bien aussi. » Renata les regardait tous les deux et ne disait rien. Parfois, elle trouvait ça drôle, car elle savait ce que Paulo ignorait. Elle savait que « aimer bien » pour Charlotte signifiait « apprécier ». Ainsi, pendant deux mois de fréquentation, Charlotte voyait Paulo comme un ami à qui elle pouvait donner des bisous. Ce qui, pour elle, était amusant.

Même si Renata connaissait les manières de Charlotte, elle se taisait et n'en parlait pas à son ami Paulo. En fait, elle ne disait jamais rien, ni les choses qu'elle pensait ni celles qu'elle désirait. Elle avait appris à tout garder pour elle comme sa mère le lui avait enseigné. Pour éduquer un enfant, il n'est pas nécessaire de parler ou de crier, il suffit d'agir. De cette façon, Renata voyait sa mère se taire chaque fois que son père parlait d'une voix intimidante. C'est dans ce contexte familial, où la voix de la femme est étouffée, que Renata apprit à être une femme dans la société.

Un soir, sous un soleil pas trop chaud, alors que Renata et Paulo rentraient de l'école, il lui dit que Charlotte avait rompu avec lui quelques jours avant de partir en France.

— Est-ce bien le cas ? Renata fit semblant de ne pas savoir.

— Oui, elle l'a fait. Mais sais-tu ce qui est intéressant dans tout cela ?

— Non !

— Je me suis mis en colère et je lui ai dit que je t'ai toujours aimé.

— Et, qu'a-t-elle dit ?

— Elle a juste souri et a dit « OK ». Je crois qu'elle n'a jamais rien ressenti pour moi. Pendant tout ce temps, elle se moquait de moi.

— Mais pourquoi te plains-tu ? Tu ne l'aimais pas non plus. N'est-ce pas ?

— Au début, oui. Mais, avec le temps, j'ai commencé à l'aimer.

— Je vois ..., Renata fit une courte pause. Allait-elle bien ?

— Oui, elle allait bien. En fait, elle ne pensait qu'à son retour en France.

— Ah, oui ! C'est comme ça qu'elle est.

— Ça ne t'a pas dérangé de me voir avec elle ? Je te l'ai demandé plusieurs fois, mais dis-moi la vérité, dit Paulo, le regard sérieux.

— Tu sais très bien que je ne peux pas avoir une relation amoureuse avant d'entrer à l'université. Paulo, écoute-moi ! Je t'aime beaucoup, mais nous devons rester amis pour l'instant. Ensuite, nous verrons ce qu'il faut faire, répliqua Renata. Il ne nous reste qu'un an pour que je sois à l'université.

— C'est vrai ! C'est tout près, affirma Paulo sereinement.

Paulo croyait en Cupidon, le messager de l'amour. Il croyait également à la théorie des âmes sœurs et était convaincu que Renata était l'élue de son cœur. D'autre part, il associait les caractéristiques de Renata à la créativité de sa mère. Il ne percevait pas que ce qu'il aimait chez Renata était en fait ce qu'elle avait en commun avec sa mère Alice. Des années passèrent. Paulo et Renata devinrent petits amis, et quelque temps plus tard, se marièrent. Après le mariage, certaines circonstances de la vie amenèrent Renata à abandonner ses études. Elle se résigna donc à tenir le rôle de reine du foyer, en coordonnant le travail des bonnes. Étant issue d'une famille traditionnelle, elle ne voyait pas d'autre possibilité pour sa vie. Elle n'arrivait pas à oublier la conversation qu'elle avait eue avec sa mère juste après la cérémonie de mariage.

— Ma fille, maintenant que tu es mariée, apprends à t'occuper de ton mari de la meilleure façon possible. À partir d'aujourd'hui, Paulo est ton monde. Sois une bonne femme au foyer et il sera toujours amoureux de toi.

— Je comprends, maman, répondit Renata, heureuse d'être mariée à un ami de longue date.

On dit qu'il est bon d'épouser quelqu'un que l'on connaît vraiment. Et Renata s'était dit : « Pourquoi pas un ami de longue date ? » Mais, est-il possible de connaître une personne entièrement ? Si oui, pourrait-on prévoir les événements futurs dans un monde où rien n'est permanent ?

Renata se comporta exactement comme sa mère le lui avait conseillé. Elle devint une mère totalement dévouée à la famille. Pourtant, elle n'obtint pas le résultat attendu. Bien qu'elle ait tout fait pour que le mariage fonctionne, Paulo cessa de l'aimer. Contre toute attente, l'amour qui les unissait se dissipa et le mariage s'effondra. Il ne restait que ruines des promesses faites le jour où ils s'étaient unis.

Un navire sans passagers

Renata n'avait jamais pensé à être différente de sa mère, qui ne vivait que pour faire plaisir à son mari. Elle avait donc grandi dans le genre de famille où les femmes ne sont autorisées à être elles-mêmes que dans leurs pensées. Elle pensait des choses, mais n'avait pas le courage d'en parler. Cette attitude était due au comportement de son père, qui parlait généralement d'une voix autoritaire.

Si cela avait été pour elle-même et non pour ce que les autres pensaient, Renata aurait fait une école d'ingénieurs. Un jour, elle en parla avec son père. Celui-ci lui demanda :

— Ingénieure dans quel domaine ?

— Je n'ai pas encore choisi.

— Combien de femmes font ce genre de travail ?

— Il y en a plusieurs.

Le père de Renata était un avocat prospère et avait fait de son fils aîné un associé du bureau de la famille. Il demanda : « Puisque nous avons tant d'avocats dans la famille, pourquoi ne pas penser au droit ? » Renata n'y avait même pas pensé. Lorsqu'elle était enfant, son père disait souvent que seuls ceux qui ont du courage pourraient être avocats. Et quand il parlait de courage, il n'incluait pas les femmes. « Elles sont trop délicates pour ce genre de travail », ajoutait-il.

Le père de Renata pensait donc que la maîtrise des textes juridiques et la voix intimidante faisaient de lui un homme courageux. Quoi qu'il en soit, Renata était très intelligente et pouvait faire n'importe quelle faculté. Toutefois, elle finit par suivre les pas de sa mère, en faisant la faculté des Lettres. Mais au fond, elle savait qu'elle avait la capacité de suivre toutes sortes de cours. Elle aurait pu être une employée de la NASA si elle le voulait.

De toute façon, tout cela était du passé, car après le mariage, elle se convertit en femme au foyer. Paulo n'aimait pas ça, il voulait que sa femme soit plus que cela. Il voulait que Renata ait un emploi digne de sa capacité, comme sa mère Alice l'avait fait. Il était tombé amoureux d'une Renata différente, une Renata forte et intelligente. Le problème, c'est qu'après le mariage, celle-ci ne vivait plus pour elle-même. Elle était devenue une femme inintéressante. Quand elle ne donnait pas d'instructions aux femmes de ménage, elle s'asseyait sur le canapé pour assister aux nombreuses émissions de télévision. Quand Paulo rentrait à la maison le soir, il n'aimait pas voir sa femme dans cette passivité. Au fil du temps, il s'éloignait de la nouvelle version de Renata. Elle n'était plus la meilleure dans ce qu'elle faisait. Plus Paulo gardait en lui ce sentiment de déception, plus son amour pour elle diminuait. Non seulement il ne l'aimait plus comme avant, mais il avait aussi un certain ressentiment dans son cœur, comme si elle l'avait déçu pour avoir changé. Il arriva un moment dans leur mariage où il ne voulait plus sortir ou parler avec sa femme. Lorsqu'il revenait du travail, il dînait et dormait. En plus de l'éviter, il s'énervait contre tout ce qu'elle disait ou faisait, même lorsqu'elle essayait d'être drôle. Il n'était plus le même avec elle.

Lorsque Renata en était arrivée au point où elle ne pouvait plus supporter cette situation, ils commencèrent à se traiter comme des étrangers vivant sous le même toit. Les années passaient pendant que leur passion se dissipait. Certaines personnes pensent que l'amour est quelque chose qui arrive soudainement, comme dans un tour de magie. Dans ces cas-là, la tendance est que la passion s'arrête d'une heure à l'autre, de la même manière qu'elle a commencée. D'autres perçoivent, à travers l'amour, une histoire qui se construit avec le temps, comme une plante qui a besoin d'être arrosée en permanence. Pendant vingt-huit ans de mariage, l'amour de Paulo et Renata ne faisait que diminuer jusqu'à ce qu'il n'existe plus.

Renata était en première année à la faculté des Lettres quand elle tomba enceinte d'Ana Paula. Elle dut alors arrêter l'université au milieu de l'année parce qu'elle passait pour une grossesse difficile. Quand Ana Paula naquit, elle ne retourna plus à l'université. Elle choisit de rester à la maison pour être une bonne mère. Elle fut donc mère pendant de nombreuses années, même quand Ana Paula et son frère Rafael devinrent adultes. La seule obligation de Renata était de superviser les bonnes. Au fil des ans, elle se résigna à ce rôle et ne pouvait plus s'en échapper.

De nombreuses années après s'être mariée, elle réalisa que le mariage ne fait pas d'une femme une personne épanouie. Parfois, elle allait à la plage d'Ipanema, s'asseyait sur le sable face à la mer, et réfléchissait à tout cela. Dans ses considérations, elle blâmait sa mère. Cette dernière lui avait fait croire que toute femme devait se marier pour mériter une place dans la société.

À la maison, le climat devenait de plus en plus lourd. Paulo voyait sa femme comme un échec. Cependant, il n'arrivait pas à extérioriser son désenchantement. Pendant de nombreuses années, il fit semblant d'être satisfait par le mariage et dissimula son mécontentement jusqu'à ce qu'il n'en pût plus. La situation étant ainsi, il accepta intérieurement le fait qu'il était malheureux et n'arrêtait pas de se plaindre dans ses pensées. D'un autre côté, Renata aimerait aussi se trouver dans un endroit sophistiqué, s'occupant, par exemple, d'une entreprise importante. Au lieu de cela, elle était là, dans cet appartement de luxe à Ipanema, à s'occuper du ménage, sans aucune perspective d'être elle-même et de vivre pour elle-même. Au fil des ans, elle voyait sa personnalité s'estomper graduellement jusqu'à ce qu'elle devînt l'ombre de son mari. Ne pouvant plus supporter ce sentiment de déception, elle céda à la tristesse d'un mariage infructueux. Peu à peu, leur union coulait comme un navire sans passagers, perdu au milieu d'un océan de désillusion.

La théorie des âmes sœurs, par laquelle ils avaient projeté leur avenir heureux, s'effaça. Et tout ce qui était beau et passionné entre les deux se dissipa comme les nuages après la pluie. En plus de ne pas être des âmes sœurs, ils n'étaient plus des amis. Heureusement, ils n'étaient pas non plus des ennemis. Dans le lit du couple, quand la nuit tombait, on pouvait voir un grand espace entre leurs corps. Dans les couloirs de la maison, lorsque la lumière du jour illuminait le monde, ils ne se voyaient pas. Ils vivaient ensemble et pourtant, un grand abîme les séparait.

Après que Paulo eut été licencié, il passa quelques jours à la maison et ce fut ainsi que les choses empirèrent. Leurs ressentiments mutuels se transformèrent en paroles blessantes. Sans qu'ils ne s'en aperçussent, les disputes remplacèrent les conversations. Un jour, alors que les deux se disputaient, Renata dit à Paulo : « Tu as volé vingt-huit ans de ma vie. J'aurais pu avoir un travail décent. Au lieu de cela, je suis restée dans cet appartement, séparée de mes rêves. »

C'était une révélation plus ou moins choquante et Paulo en fut abattu. En fait, il n'avait pas demandé à Renata de rester à la maison. Si elle s'était conformée à son rôle de femme au foyer, c'est parce qu'elle croyait que sa vie devait être ainsi. Paulo, cependant, a toujours voulu que son épouse soit une femme autonome et épanouie. Il réfléchit un peu et répliqua : « Je ne t'ai jamais demandé de rester à la maison. J'ai aussi pensé que tu n'avais pas fait le bon choix en suivant les conseils de ta mère quant à la faculté des Lettres. »

— Alors pourquoi ne me l'as-tu pas dit ? lança Renata.

— Je pensais que tu voulais suivre les traces de ta mère.

— Tu aurais pu me le dire. Tu ne dis jamais ce que tu penses. Je n'en peux plus.

— Cela ne t'aurait fait aucun bien. Tu ne me comprends pas de toute façon.

— Tu sais très bien que je ne pouvais plus aller en faculté avec cette grossesse difficile. Toi, par contre, tu as continué tes études d'économie comme si de rien n'était.

À vingt-huit ans de mariage, ce n'est que ce jour-là qu'ils partagèrent leurs frustrations en toute franchise. Cette sincérité, qui avait longtemps été gardée dans leur cœur, n'était pas venue seule. Elle leur apporta un lot de chagrin, qui avait été accumulé année après année. C'était comme de petites déceptions qui se cachaient dans un manque de gentillesse, un mot mal placé ou un silence lourd mais assourdissant.

Quoi qu'il en soit, Renata ne pouvait plus supporter les blessures du passé. Pendant tout ce temps, elle avait gardé la tristesse au fond de son être. Et, là, elle ne voulait plus taire son désenchantement pour honorer les promesses du mariage. Alors, elle fondit en larmes. Le visage mouillé par les déconvenues du cœur, elle tourna le dos à Paulo, couvrant son visage de ses mains.

Paulo dit, d'une voix douce : « Tu ne m'as jamais dit que tu voulais poursuivre tes études. »

— C'est parce que tu n'as jamais demandé. Et comment aurais-je pu faire cela ? Tu revenais de l'université, heureux du fait que je sois enceinte. J'ai donc préféré garder mes rêves pour moi-même.

Le regard triste, Paulo ne savait plus quoi faire d'autre. Après un petit moment, il demanda : « Qu'allons-nous faire maintenant ? »

Renata répondit : « Ce qui devait être fait il y a bien longtemps. »

Lorsque nous renonçons à notre propre liberté pour maintenir un mariage, l'union en elle-même devient une sorte de prison émotionnelle. Renata s'était donc sentie emprisonnée pendant de nombreuses années. Elle avait été privée de ses rêves et de ses aspirations au moment même où elle était tombée enceinte pour la première fois.

Paulo s'approcha d'elle et affirma :

— Alors, séparons-nous. Tu peux garder l'appartement. Je trouverai un endroit où vivre. Et sache que j'ai toujours voulu ton bien.

Sans mot dire, Renata accepta la proposition de Paulo. Elle savait qu'il était un homme réfléchi, et que la décision de se séparer était la bonne chose à faire à ce stade de leur vie. Ce qui devait arriver entre eux était déjà arrivé. À ce moment-là, ils devaient aller de l'avant avec leurs avenirs respectifs. Ils s'embrassèrent et se dirent au revoir. C'était une étreinte fraternelle, car après tout, ils étaient amis bien avant leur mariage. Peu après, Paulo quitta l'appartement et alla s'installer dans un studio, dans le quartier populaire de Copacabana.

Fête des mères

Karina et Paulo étaient assis au bord de la mer, sur le même banc de toujours. Devant eux, l'océan s'étendait sans limites. Le vent agitait sa surface, et son mouvement faisait penser à l'impermanence de la vie lorsque ses vagues se soulevaient avec fureur et se couchaient avec tendresse. La réflexion des rayons du soleil sur l'azur profond de l'océan donnait une couleur dorée au paysage.

Paulo entama la conversation :

— Je suis inquiet de l'avenir de mes enfants. Mais la vérité est que j'ignore quoi leur dire en ce moment. J'avais l'habitude de leur dire qu'ils devaient suivre mes pas pour réussir dans la vie. Et me voilà aujourd'hui, sans emploi et sans un avenir bien défini.

— Il n'est pas nécessaire d'être bien dans la vie pour conseiller ses enfants.

— Je suis d'accord, mais j'ai du mal à me tenir devant eux pour leur montrer le bon chemin.

— Pourquoi penses-tu cela ?

— Parce que nous ne sommes pas vraiment proches. Quand je me suis séparé de Renata, ils ont pris son parti. C'est normal, car je n'ai jamais été présent dans leur vie. C'est amusant de voir comment nous reproduisons ce que nous critiquons chez les autres. Mes parents n'ont jamais soutenu mes rêves d'enfance. Et aujourd'hui, je me vois agir de la même façon avec mes enfants, surtout avec Rafael.

— Essaye de leur parler, pas comme un père, mais comme un ami. Écoute-les sans porter de jugement. Dis-leur que tu n'as pas toujours raison, et qu'ils peuvent toujours compter sur toi. Dis-leur que tu les aimes, quoi qu'ils fassent ou cessent de faire. Fais-leur comprendre que ce qui compte vraiment, c'est de savoir qu'ils sont heureux.

— J'apprécie vraiment tes conseils.

— Je suis contente de pouvoir t'aider.

Paulo réfléchit un instant et dit :

— Existe-t-il un moyen de vaincre la peur des parents concernant leurs enfants ?

— Je ne suis pas mère dans cette vie, mais je pense que la peur des parents envers leurs enfants est une peur comme toute autre. En général, lorsque je ressens de la peur, je me tranquillise en écoutant la voix du Maître intérieur. Il me fait réaliser que tout va pour le mieux, et cette quiétude m'aide à trouver une solution au problème.

— Comme une idée créative quand on se retrouve face à une menace ?

— Exactement !

— Peux-tu me donner un exemple d'une telle expérience ? demanda Paulo.

— Oui, bien sûr ! répondit Karina, tout excitée. Un après-midi, après avoir déjeuné avec ma mère le jour de la fête des Mères, nous sommes allées faire un tour en voiture. Le problème, c'est que j'ai oublié de fermer les vitres de la voiture quand nous nous sommes arrêtées dans un feu de circulation. Et, tu sais combien Rio est dangereux. Je causais avec ma mère quand soudain, un enfant de rue est apparu de nulle part et a dit : « Tata, passe-moi le portefeuille sinon je fais sauter la voiture. » Ma mère a eu peur et s'est mise à crier au secours. Mais personne n'a bougé le petit doigt. Puis j'ai eu une idée créative et j'ai dit au garçon : « Pas aujourd'hui. Aujourd'hui, c'est la fête des Mères. » Il a souri et a répondu : « Ah ! oui, ma tata. Bye-Bye ! ». Ma mère, sans s'apercevoir que le garçon était déjà parti, n'a cessé de demander de l'aide. J'ai dû lui dire que la situation était déjà résolue. C'est ainsi que nous avons échappé à un vol ce jour-là.

— Incroyable !

— Incroyable et drôle !

Ils ont bien ri, et puis Paulo continua :

— C'est drôle maintenant, mais j'imagine que ça ne l'était pas à ce moment-là.

— Ce n'était pas drôle du tout, surtout pour ma mère.

— Je comprends combien il est important d'apprendre à être calme à tout moment dans n'importe quelle circonstance de la vie.

— Nous devons toujours être connectés à notre Moi intérieur et réaliser qu'il y a toujours un moyen de s'en sortir.

— Oui, vraiment !

Peu de temps après, ils se dirent au revoir, et Paulo rentra chez lui. En marchant, il sentit son cœur se réjouir de sa nouvelle amitié. Il se sentait heureux et souriait constamment. Puis, dans son cœur, il remerciait chaque pas qu'il faisait sur le chemin du retour, du retour à la source.

Le poème de l'univers

Paulo avait désobéi à ses parents pour devenir économiste. Rafael, son fils, a agi contre sa volonté pour devenir poète. Paulo ne voulait pas accepter cette réalité, mais au fond de lui, il savait que l'âme de son fils avait toujours été celle d'un poète.

Il y a quelques années, alors que Rafael était adolescent, Paulo l'emmena se promener dans les rues de Rio. Au cours de leur promenade, lorsqu'ils croisaient des édifications colossales d'autoroutes ou d'immeubles, il disait à son fils : « Vois-tu cette construction ? Elle a été réalisée par des architectes et des ingénieurs. Tu sais, mon fils, peu d'artistes vivent bien. » Rafael regardait les œuvres et acquiesçait sans comprendre pourquoi son père disait cela. En réalité, Paulo essayait d'influencer son fils à poursuive une carrière, dont le succès était garanti.

Il voulait que son fils soit ingénieur, et il lui paya un cours dans l'une des meilleures écoles d'ingénieurs des États-Unis. Beaucoup d'argent fut gaspillé pour que Paulo réalise son rêve à travers la profession de son fils. Cependant, la réalité fut tout autre. Rafael alla étudier l'ingénierie des télécommunications à Boston et était même l'un des meilleurs étudiants de sa classe. Tout se passait comme prévu jusqu'au jour où il abandonna ses études et retourna à Rio. Il voulait être écrivain et poète.

Paulo fut dévasté par la décision de son fils. Il disait que tout cela était une folie. Une fois, ils eurent une conversation sérieuse, et Rafael quitta la maison ce jour-là.

— Penses-tu pouvoir vivre de ton art dans une société comme la nôtre ?

Rafael, qui éprouvait son art dans tout ce qu'il faisait, ne pouvait rien dire sans y mettre de la poésie. Il répondit alors à son père :

— Père, bien que la plupart des hommes n'aient ni yeux pour contempler la beauté de l'univers ni oreilles pour écouter sa douce mélodie, le poème universel se chante à travers la manifestation du monde. Je vois la vie ainsi.

— Je me demande comment tu pourras survivre sans mon soutien. Je ne serai pas toujours là pour prendre soin de toi. Maintenant que tu es une personne adulte, soit tu te conformes à ma volonté, soit tu vas faire ta vie ailleurs.

Après cela, Paulo partit travailler et à son retour, il ne trouva plus son fils. Comme sa fille Ana Paula avait déjà quitté la maison lorsqu'elle s'était mariée, Paulo et Renata se sont retrouvés seuls dans cet immense appartement.

Avec le soutien de Renata, Rafael quitta la maison. Ainsi partit-il à la recherche de ses rêves. À cette époque, il sortait avec une jeune femme qu'il allait épouser plus tard. Elle s'appelait Bianca. Avant de rencontrer Rafael, elle avait cherché en vain un garçon qui puisse être capable d'entrevoir les vers du poème universel à travers les événements de la vie.

Elle et Rafael s'étaient rencontrés dans un bar près de la Praça N.S. da Paz. Là, ils avaient parlé toute la nuit. Et le lendemain, ils continuèrent de parler. Les mois passèrent et à la fin de l'année, ils découvrirent que l'arbre de l'amour avait poussé sans qu'ils ne s'en aperçoivent. Entre eux, rien n'allait vite, tout était simple et naturel. Au début de l'année suivante, ils étaient tous deux unis dans l'esprit et dans le cœur.

Rafael estimait que l'univers était un grand poème, et Bianca aimait ça de lui. Elle pensait que peu d'hommes pouvaient se comparer à son amoureux, car ce dernier vivait le moment présent, sans pour autant oublier que l'avenir existe.

Bianca était une femme indépendante et financièrement accomplie. Elle était également intelligente, puisqu'elle n'avait que vingt-deux ans quand elle fut admise au concours d'expert en matière de crimes environnementaux. Lorsque Rafael quitta la maison de ses parents, elle n'hésita pas à lui demander de vivre chez elle.

Même si elle avait les pieds sur terre, elle était aussi une poétesse née. Cependant, elle avait besoin de plus d'expérience pour manifester la poésie en elle. C'est la raison pour laquelle elle aimait s'asseoir à côté de Rafael sous la véranda de sa maison durant les nuits étoilées, afin de l'écouter réciter quelques vers — des vers qui jaillissaient de son cœur, des vers qui jaillissaient de son monde intérieur avec amour et passion et qui faisaient partie du grand poème de l'univers. Elle le regardait avec tendresse et tombait de plus en plus amoureuse de lui. Et chaque fois qu'il déclamait, elle se perdait dans ses vers, tandis qu'il s'adonnait à elle.

Ils s'aimaient sincèrement et, avec le poème de l'univers, ils animaient le feu de la passion qui les unissait. Cette rénovation constante de leur amour se produisait sous la véranda de Bianca. Rafael connaissait de nombreux vers par cœur et gesticulait comme un roi devant sa reine. Lui et ses sublimes déclamations formaient une unité sans égale. Ce fut toujours ainsi entre eux jusqu'à ce que Bianca tombât enceinte. Après la naissance du bébé, rien ne changea. Rafael lui-même disait déjà sous la véranda : « L'amour est le seul fleuve qui imprègne l'existence entière. »

Rafael vivait dans un rêve, et Bianca, même si elle était plus connectée à la réalité, rêvait tout comme lui. Au fond de son cœur, elle savait qu'un jour, le monde se souviendrait de ce grand poète qu'était son amoureux.

En revenant à l'époque où Rafael vivait à Boston, bien avant qu'il ne pensât au poème de l'univers, il était un étudiant totalement dévoué à ses études. Il aimait beaucoup sa formation d'ingénieur et avait toujours de bonnes notes.

Dans son domaine d'étude, il y avait beaucoup de calculs, et il en était passionné. En dehors de cela, il aimait aussi la musique classique. Un jour, Marc, un de ses amis américains, l'invita à s'inscrire à un cours de piano.

— Rafa, je veux apprendre à jouer du piano. Souhaites-tu m'accompagner ?

Rafael s'intéressa parce qu'il avait déjà entendu quelqu'un dire que la musique est la mathématique des ondes. Il s'inscrit donc par pure curiosité. Jusqu'à ce moment-là de sa vie, l'idée de travailler dans le domaine de l'art ne lui avait jamais traversé l'esprit.

Durant la première classe de piano, le professeur Abdul, d'origine indienne, joua la « Sonate au clair de lune » de Beethoven et parla de plusieurs choses, excepté le piano. À un moment donné, il dit qu'un bon musicien devrait connaître le poème de l'univers, et que la musique et la poésie s'expriment à travers le même langage. Il souligna également que les vers de ce poème universel étaient infinis, et qu'une partie d'entre eux se trouvait dans les livres qui racontent les histoires d'anciennes civilisations.

Rafael se vit stupéfait pendant qu'il écoutait le professeur. Pris par un étrange enthousiasme, il alla voir ce dernier à la fin de la classe.

— Vous avez dit qu'il existe des livres de civilisations anciennes qui contiennent quelques vers du poème universel. Pourriez-vous m'en recommander un ?

— Oui, bien sûr ! dit le professeur avec un sourire radieux.

Abdul sortit un livre de son sac, puis le lui remit en disant : « C'est un cadeau. J'espère qu'il vous plaira. » Rafael en fut émerveillé. Ainsi reçut-il ce présent à cœur ouvert. Les deux hommes sourirent, et c'est à ce moment précis que le destin de Rafael changea complètement de cap. Même s'il ne le savait pas, il n'était plus celui d'avant. Cependant, il lui fallait quelques mois pour se redécouvrir.

Le même jour, il commença à lire le livre. Le titre était *Ramayana*, un poème épique hindou raconté par William Buck. *Ramayana*, qui signifie « La Voie de Rama », raconte une histoire ancienne de plus de deux mille ans, dans laquelle le Prince Rama, un héros, sauve sa bien-aimée des passions de la chair, utilisant l'Amour et la Compassion comme ses armes.

Bien que Rafael aimât les exploits du grand Rama, il n'avait pas une bonne discipline de lecture. Généralement, il lisait un jour sur deux. Et même parfois, il passait plus de trois semaines sans lire une seule page du livre. Ainsi passait-il des mois jusqu'à ce qu'un jour, une citation du livre éveillât son attention.

Dans le chapitre « Le guerrier invisible »[1], le premier paragraphe disait :

« Ne te lamente pas sur la façon
Dont le ciel tourne là-haut.
Car le ciel durera assez longtemps sans toi.
Je suis tout cela,
Toute cette vie ;
Je suis tout cela. »

Rafael s'arrêta un instant et se demanda : « Qui est derrière tout cela ? Qui est toute cette vie ? Qui a créé le ciel et le temps ? Et quant à moi, pourquoi j'existe ? ». Ce fut ainsi qu'il commença à se poser les grandes questions de la vie. Il ferma les yeux et perçut qu'il n'était plus le même. Il se sentait comme un homme à l'écart du monde, une feuille qui s'était détachée de l'arbre de l'humanité, ou une branche qui ne se balançait plus au gré du vent. Quand il rouvrit les yeux, il nota qu'il n'y avait personne pour répondre à ses questions. Il décida donc de suivre sa propre voie pour trouver ses réponses. Ce qu'il fit en se mettant à la recherche des plus beaux vers du poème de l'univers. « Des vers de l'esprit qui pourraient peut-être étancher ma soif de chercheur », pensa-t-il.

Deux mois après cette expérience, il abandonna son cours d'ingénieur et retourna à Rio de Janeiro. Alors que Renata soutenait la décision de son fils, Paulo en souffrait énormément. La situation étant telle, l'ambiance à la maison se détériorait jour après jour. Finalement, Rafael décida de s'inscrire à la faculté de droit. Il obtint son diplôme au bout de quelques années, mais refusa de passer l'examen de l'OAB (l'Organisation des Avocats du Brésil). Une fois de plus, Paulo en souffrit. Il fit tout ce qui était en son pouvoir pour montrer à son fils que vivre de l'art n'était pas une bonne option. Ses

---

[1] 1 Ramayana, BUCK, William. São Paulo: Ed. CULTRIX, 1995, p. 337.

suggestions n'aidèrent en rien, car ce dernier avait décidé de devenir poète, et rien ne pouvait l'empêcher d'accomplir son destin.

En réalité, Rafael n'avait rien fait de mal. Il avait juste répondu à l'appel de l'âme. Après avoir quitté la maison de son père, il alla s'installer chez Bianca, sa future femme et seule admiratrice à cette époque. Ils eurent une petite fille, et avec elle, ils se tâchaient d'apprécier l'instant présent, tout en gardant espoir qu'un jour ou l'autre, leur soleil brillerait de mil feux.

Rêver

Cela faisait un moment déjà que Rafael avait le sentiment de recevoir beaucoup d'amour et de soutien de la part de l'univers. Il avait donc foi en ce qu'il faisait. Il savait que le jour viendrait où les choses qu'il écrivait seraient gravées dans le cœur de nombreuses personnes, qu'il ne rencontrerait probablement jamais.

Un jour, il reçut un message de sa sœur Ana Paula. Parmi les membres de la famille, elle était la seule personne qui se comportait de manière très étrange. Elle disparaissait et apparaissait soudainement, toujours au moment où les gens avaient le plus besoin d'elle. Elle avait développé cette habitude pour se protéger des parents en particulier.

Il se trouvait que Renata et Paulo pensaient que les affaires familiales d'Ana Paula étaient aussi les leurs. Comme tous les parents, ils se souciaient beaucoup du bien-être de leurs enfants. Le seul problème avec cette façon de montrer l'amour est que parfois ils confondaient les choses et envahissaient l'espace des enfants. Quand Ana Paula s'en était rendu compte, elle se renferma sur elle-même et ne leur parlait plus de sa vie personnelle. À partir de ce moment-là, personne d'autre dans la famille ne savait ce qui se passait entre elle et son mari. Lors des réunions de famille, elle souriait et ne parlait jamais d'elle. Au début, Renata et Paulo n'aimaient pas ce genre de comportement, avançant qu'ils étaient inquiets pour elle. Au fil des ans, Ana Paula continuait à sourire lors des réunions de famille, convainquant ses parents de son bonheur. Ceux-ci se sont finalement conformés à la discrétion de leur fille et apprirent à la respecter, n'envahissant plus son espace.

Ce jour-là, Rafael avait vraiment besoin d'entendre quelque chose de sa sœur. Et naturellement, Ana Paula, qui apparaissait toujours quand il était nécessaire, lui envoya un message.

Sur WhatsApp, son message disait :

[Bonjour, mon frère bien-aimé. J'espère que tout va bien là-bas. Écoute, tu ne dois pas cesser d'écrire les vers du poème universel. Accroche-toi à tes rêves, car l'avenir appartient à ceux qui courent après leurs rêves. Je t'aime.]

Rafael venait de se réveiller. Lorsqu'il vit le message de sa sœur, il se sentit aussi perplexe qu'heureux — un sentiment difficile à expliquer. Puis il l'appela, et ils parlèrent pendant plus d'une demi-heure. Avant de raccrocher, il lui demanda :

— Pourquoi m'as-tu envoyé ce message de motivation aujourd'hui ?

— J'ai fait un rêve, dans lequel beaucoup de personnes achetaient un livre intitulé « Le poème de l'univers ». Quand je me suis réveillée, j'y ai longuement pensé et j'ai réalisé que ça ne pourrait être que toi, l'auteur de ce livre.

À ce moment-là, de nombreuses pensées traversèrent l'esprit de Rafael. Cependant, il ignorait laquelle était la bonne pour exprimer ce qu'il ressentait. Simplement ravi par les paroles de sa sœur, il s'exclama :

— Comme c'est intéressant !

— Ah, oui ! Maintenant, je dois y aller.

— OK ! Bisou !

— Bisou !

Rafael s'assit et se mit à réfléchir. Dans son esprit, les pensées se multipliaient et s'enchaînaient, tandis que dans sa vision, il voyait le monde entier se manifester. Dans cet univers imaginaire, on pouvait y voir une mer dormante, se reposant suavement sur les côtes d'une belle plage. Abandonné à ce songe soudain, notre homme contempla la beauté des eaux et ne tarda pas à constater que les vagues cessaient d'exister. D'une seconde à l'autre, la mer se stagna et resta figée. Dans un espace de temps aussi court qu'un souffle, tout semblait immobile, immuable, permanent et éternel.

Lorsque Rafael revint de cette rêverie, son cœur bondit de joie.
Il alluma ensuite l'ordinateur et écrit une pièce de théâtre intitulée «
Au-delà de l'horizon ».

L'Amour

Quelques mois après avoir écrit sa première pièce de théâtre, Rafael reçut un appel de son père. Cela faisait quelques années qu'ils ne se parlaient que sporadiquement. Pendant ce temps, Rafael vit ses conceptions de la vie mûrir petit à petit. Il avait lui-même grandi, que ce soit intérieurement ou extérieurement. Toutefois, ses convictions sur ce à quoi il était destiné ne changèrent guère. Ce fut une époque de sa vie où il ne faisait que deux choses durant ses journées — écrire et lire. De par sa détermination à vouloir être salué pour ses œuvres littéraires, il semblait faire partie de ceux qui ne renoncent jamais à la vie, de ceux dont les rêves et aspirations résistent à l'intempérie des saisons. Au fond de son cœur, il savait qu'un jour ou l'autre l'avenir lui donnerait raison.

Paulo avait aussi mûri. Depuis qu'il avait connu sa bonne amie Karina, sa vie n'était plus la même. Sans même s'en rendre compte, le fardeau des regrets du passé devenait de plus en plus léger à porter. Il se transformait spirituellement et reflétait une meilleure version de lui-même, que ce soit au sein de la famille ou de la société.

Quand Paulo appela son fils, il lui dit :

— Salut, Rafael ! Comment vas-tu ?

— Je vais bien, papa ! Et vous ? Ça fait longtemps !

— Je vais bien aussi ! Et si on se retrouvait ce soir en fin d'après-midi pour discuter un peu ?

— J'en serais ravi !

— J'aimerais bien ça aussi !

— Peut-on se voir à Copacabana, sur le trottoir vers 17 heures ?

— Oui, bien sûr ! Pourquoi pas devant le Copacabana Palace.

— C'est d'accord !

Plus tard, ils se rencontrèrent sur la plage. Paulo invita son fils à prendre une boisson de guarana dans un des kiosques de la place. Une douce brise soudaine souffla, leur apportant ainsi une sensation de bien-être et d'amour. Paulo entama la conversation :

— Comment vont les choses de ton côté ?

— Tout se passe bien, papa. De plus, je suis content de voir que vous n'avez plus de ressentiment à mon égard.

— Tout ce que je veux, c'est ton bonheur. Et puis tu sais que le bonheur est quelque chose de difficile à trouver.

— Je le sais. Bianca et moi avons discuté là-dessus et elle m'a fait voir les choses différemment.

— Comment va-t-elle ?

— Elle va bien.

— C'est toujours elle qui subvient à vos besoins ?

— Oui, c'est toujours elle. Je lui dois énormément et je ne doute pas qu'un jour, tout son sacrifice aura valu la peine.

— Comment organises-tu ta vie professionnelle ?

— Pendant la journée, je reste à la maison à m'occuper de ma fille. À la tombée de la nuit, après que Bianca soit rentrée du service, je fais quelque chose en ce qui concerne mon art. J'écris mes poèmes, mes romans et mes pièces de théâtre.

— Tu souhaites toujours poursuivre ta carrière de poète et d'écrivain ?

— Oui ! Malheureusement, je ne suis pas comme la plupart des hommes.

— Je ne comprends pas.

— Ne vous inquiétez pas pour moi, papa ! Mon âme est celle d'un poète, et il n'y a rien à faire contre cela. Qui sait, peut-être qu'un jour, je vivrai de mes écrits !

— Qu'est-ce qui te fait penser cela ?

— Je fais mon art avec le cœur, sans penser aux récompenses, car écrire ou parler de l'Amour est déjà la plus grande des récompenses. Le reste n'est qu'une question de temps.

— Tu n'envisages donc pas la possibilité de travailler pour l'État ? Le fils de Sergio, mon ancien patron, est maintenant procureur général de Rio et il vit très bien.

— Mais qu'est-ce que c'est que de bien vivre, papa ?

Paulo ne put répondre, et Rafael continua :

— Pendant longtemps, je me suis menti à moi-même sur ma carrière professionnelle. Mais la vérité, c'est que je ne peux m'échapper de moi-même.

— Je ne comprends toujours pas.

— Vous vous souvenez de l'époque où j'étais à la faculté de droit ?

— Oui.

— Une fois, alors que je faisais mon stage dans une institution publique, j'ai entendu deux de mes patrons parler de comment ils étaient impatients de prendre leurs retraites, car chaque jour au travail leur causait une grande souffrance. Douglas, l'un d'entre eux, m'a regardé et m'a dit : « Rafael, réfléchis bien avant de choisir le domaine dans lequel tu vas travailler. Regarde-moi ! Je travaille ici depuis plus de vingt ans. Regarde cette chaise ! Je m'y assieds tous les jours, et je fais les mêmes choses depuis que je suis entré dans ce bâtiment. Crois-moi ! Ce n'est pas une blague, je suis sérieux. J'ignore comment je ne deviens pas fou avec tout ça, en restant assis dans le même coin durant toutes ces années. Je n'en peux plus. » Quelques jours après cet incident, j'étais là quand un stagiaire du même bureau a commenté que mon patron recevait environ vingt mille reais par mois comme salaire. Elle en a donc conclu qu'il se plaignait de la vie, l'estomac plein. Je me souviens encore du premier jour de mon stage. Douglas m'a montré les photos de ses voyages internationaux avec sa famille. Dans les photos, lui, sa femme et son fils avaient l'air très heureux. C'étaient de merveilleuses photos.

Durant plusieurs jours, il a pris l'habitude de toujours me raconter les aventures de ces voyages. Plus il en parlait, plus il en était heureux. Et quand il n'en parlait pas, il affichait une grande tristesse sur le visage. Au lieu de se consacrer à ce qu'il aimait vraiment faire, Douglas a préféré rester dans sa zone de confort, en travaillant pour l'État. D'une certaine manière, cela lui a donné l'assurance d'une vie meilleure. Toutefois, il n'était pas un fonctionnaire heureux, car il ne cessait pas de se plaindre de la vie, souhaitant sa retraite le plus tôt possible. Il ne s'est jamais senti comblé dans ce genre d'occupation.

Paulo ressentit de la peine pour Douglas. Il avait déjà eu une expérience similaire lorsqu'il travaillait comme économiste. Il savait donc combien il était douloureux de se consacrer à quelque chose qui ne plaît pas au cœur. Dans son cas, l'économie ne l'avait jamais satisfait. Parfois, il lui arrivait même de comparer la tristesse d'être économiste à la joie qui l'animait quand il peignait les beautés du monde durant son enfance. Peindre les merveilles de l'existence remplissait son cœur de jubilation.

— Alors, papa, je répète : qu'est-ce que c'est que vivre bien ? C'est travailler juste pour survivre et non vivre ? demanda Rafael, dans le plus grand des calmes.

Paulo ne répondit pas, se contentant d'écouter.

Serein, Rafael poursuivit :

— Même si aujourd'hui l'art n'a plus les mêmes valeurs qu'autrefois, je ne veux pas entreprendre un chemin qui n'est pas le mien, en faisant quelque chose qui ne satisfait pas mon âme. Dans le cas contraire, mon passage sur Terre serait un mensonge — il s'arrêta un instant. — La vérité, c'est que je ne me vois pas m'intégrer dans un environnement de travail où les gens s'identifient à leur apparence plutôt qu'à leur essence. Je veux tout simplement dire que l'art me rapproche de mon essence et cela me rend heureux.

— Effectivement, de nos jours, il n'est pas aisé de suivre son cœur, surtout quand on parle de profession. Mais si tu refuses d'avoir un emploi stable, comment subviendras-tu aux besoins de ta famille ?

— Je ne m'inquiète pas pour le moment. Je sais qu'il y a encore beaucoup d'histoires à vivre. Chaque jour que Dieu fait, je contemple la vie à l'intérieur et à l'extérieur de mon être et j'écris les choses que je perçois, les vérités de l'âme. D'autre part, je suis conscient que le marché littéraire est devenu futile, car beaucoup n'écrivent que ce qui se vend le mieux. Je refuse d'en faire de même. De toute façon, il y aura un moment où mon soleil devra briller. Dieu est aux commandes ! Je le ressens dans mon cœur.

Paulo pensa un peu puis dit : « Tu ne vas pas à l'église, tu n'as pas de religion, mais tu parles toujours de Dieu. Comment est-ce possible ? »

— Dieu est tout, papa. Et, le tout est « Amour ». Par conséquent, Dieu est « Amour ».

— Que veux-tu dire par « Dieu est Amour » ?

— C'est qu'après L'avoir cherché sans Le trouver nulle part, je suis arrivé à la conclusion qu'Il est Amour, ni plus, ni moins. L'Amour ne coûte rien, c'est la seule chose qui est donnée et reçue avec joie, la seule chose qui est gratuite dans ce monde. Pour l'avoir dans nos vies, il suffit juste d'être fidèle à soi-même.

— Tes paroles sont sages.

— De plus, l'amour est bien plus que tout ce que notre esprit est capable de conceptualiser. C'est pourquoi j'aime penser que Dieu est Amour.

— Je crois que j'ai beaucoup à apprendre de toi, mon fils. Maintenant, je suis plus serein quant à ton avenir. Je ne pense pas qu'il y ait une vie meilleure que celle qui se vit en chantant ou en parlant de l'Amour. Je suis fier de toi.

— Merci, papa. Avant que j'oublie, dans deux mois, je vais jouer dans l'une de mes pièces de théâtre. Ça vous dit d'y aller ?

— Ce serait avec plaisir !

— C'est génial ! Je vous ai apporté deux billets, ajouta Rafael, en les remettant à son père.

— Tu sais que je n'ai pas de petite amie, n'est-ce pas ?

— Je sais, mais la bonne personne pourrait apparaître à tout moment, ou peut-être qu'elle est déjà là.

Ils rigolèrent pendant un petit moment. Paulo prit les billets et exprima : « Il est l'heure de rentrer chez toi. Tu sais que la ville n'est pas sûre la nuit. »

Rafael acquiesça, se leva, resta pensif, regarda son père et ajouta : « C'est un plaisir de vous parler de ce que je ressens. J'ai toujours pensé que vous ne comprendriez pas. Aujourd'hui, je constate que l'avenir peut toujours nous surprendre. »

— Tout change, mon fils.

— C'est vrai ! Après tout, la vie est comme ça, faite de changements, dit Rafael avant de s'en aller.

Le ciel avait déjà commencé à s'assombrir. Le fils se réjouissait d'avoir parlé de son amour pour l'art avec son père. Après quelques minutes, Paulo rentra chez lui. Le lendemain, il alla rencontrer Karina. Les conversations avec elle étaient devenues précieuses pour lui. Pour rien au monde il ne manquerait l'occasion d'être avec sa nouvelle amie pour converser davantage sur la vie.

Quelle chance !

Paulo et Karina avaient convenu de se rencontrer sur la place publique General Tiburcio, à la Praia Vermelha, un endroit calme au milieu des collines et des arbres. Paulo attendait l'arrivée de Karina près d'un monument, au cœur de la place. Cette matinée était particulière, car elle lui procurait un sentiment de paix. D'un regard méditatif, il contemplait le monde qui l'entourait.

Non loin de là où il se tenait, on pouvait voir un couple qui échangeait des baisers et parlait d'amour. Paulo posa les yeux sur eux et se demanda : « La mort peut-elle séparer ce que l'amour a uni ? » Juste après ce questionnement intérieur, plusieurs pensées s'agitèrent dans son esprit. Mais heureusement, il ne se laissa pas conquérir. Il avait déjà appris que dans le tumulte de l'esprit, aucune réponse favorable n'était révélée. Avec ce discernement, il revint à lui-même et se mit à contempler la beauté de la nature.

Derrière la station du Pain de Sucre, se dressait le Mont de Babylone. Cette fois-ci, Paulo ne put résister à la tentation des pensées, car la montagne lui rappela Babylone de la Mésopotamie. « Oh ! Babylone ! » murmura-t-il. Ce fut une glorieuse ville qui s'était faite érigée pour dominer le monde. Des siècles plus tard, elle se vit dévorée par la fatalité. Babylone nous fait penser à une merveilleuse et puissante ville, un peu comme Athènes, Gizeh, Rome et bien d'autres. Comme ces fameuses cités, un jour, les choses naissent. Un autre jour, elles meurent. Il en va de même pour les hommes. C'est la vie !

« Tout ce qui vit finit par mourir un jour ou l'autre », manifesta Paulo dans son for intérieur. Puis ses pensées s'estompèrent et son esprit redevint serein. Après quelques minutes, Karina apparut. Les deux se mirent à marcher.

Depuis la place de la Praia Vermelha, ils pouvaient voir le téléphérique qui emmenait de nombreux touristes au Pain de Sucre. De là-haut, on pouvait voir la Baie de Guanabara, la plage de Copacabana et le Christ rédempteur. Comme ils avaient déjà escaladé le Pain de Sucre à plusieurs reprises, ils décidèrent de marcher jusqu'à la Mureta da Urca et de profiter du coucher de soleil avec une vue splendide de la Baie de Guanabara.

Ils parlaient un peu de tout durant leur promenade. En passant par le Quadrado da Urca, ils remarquèrent une rose des vents, une mosaïque composée de pierres portugaises blanches, noires et brunes. Paulo en fut émerveillé. Avant de rencontrer Karina, il n'arrivait pas à percevoir la présence divine à travers les beautés du monde. Mais voilà qu'il n'était plus le même. Cela faisait un moment déjà qu'il avait changé, et ses yeux aussi.

Près de la place d'Urca, il y avait des gens qui pêchaient dans un climat joyeux. Ils étaient heureux, et Paulo se sentit reconnaissant de pouvoir observer ce moment de pure joie. De tels moments sont de petits détails de notre quotidien qui peuvent transformer l'anxiété en contentement et la tristesse en allégresse.

Après avoir beaucoup marché, ils décidèrent de s'asseoir dans un bar appelé Garota da Urca, en attendant le coucher du soleil.

Paulo commença :

— Mes conversations avec toi me procurent un peu de lumière dans ma vie. Beaucoup de choses ont changé à l'intérieur et à l'extérieur de mon être depuis que je t'ai rencontré. Je te remercie pour cela !

— J'imagine ce que tu ressens en ce moment — Karina réfléchit un peu. — Mais tu sais quoi, nous sommes tous des conducteurs de lumière dans la vie.

Paulo écoutait avec un regard perplexe. Il n'était ni en désaccord ni en accord avec ce que Karina disait. Il voulait juste comprendre un peu plus cette question de lumière.

Karina poursuivit :

— Mon père a été ingénieur à la mairie de Rio de Janeiro pendant de nombreuses années. C'était un bon boulot, mais avec plusieurs bouches à nourrir, son salaire n'était pas assez. Quand je suis née, il a été invité à travailler pour la Banque du Brésil. Cela a changé nos vies. Des années plus tard, ma mère m'a dit que c'est à cette époque que nous avons pu acheter notre première machine à laver. Elle pensait que ma venue au monde avait apporté une bénédiction à la famille. Un jour, elle m'a dit, d'un air heureux : « Karina, tu es la lumière de notre famille. » Mais au fond, je crois que chaque être, à des degrés différents, vient au monde avec une certaine lumière. Nous faisons tous partie d'un but universel. Et le fait d'en prendre conscience, c'est de se mettre à écrire une strophe du grand poème de la vie.

— Maintenant que tu as dit ça, je me souviens que juste après ma naissance, mon père a obtenu le financement pour construire sa paroisse. Il disait que ma venue au monde avait apporté une lumière dans notre vie. C'est sans doute pour cela qu'il était convaincu que je devais, à tout prix, adhérer à sa paroisse.

— C'est sûr qu'il voit ton adhésion comme un acte de gratitude envers Dieu.

— C'est sûrement vrai, approuva Paulo.

— Tu sais, ta famille ressemble beaucoup à la mienne.

— Sont-ils aussi religieux ?

— Ils l'étaient ! Mais cela n'a jamais été un problème. À l'âge adulte, j'ai voulu prendre un autre chemin spirituel, et ils l'ont parfaitement compris. Ils ont respecté ma façon de chercher Dieu. J'ai eu une relation très harmonieuse avec mes parents jusqu'à leur décès. Mon père est mort seize ans avant ma mère. Il a eu une crise cardiaque et quelques minutes plus tard, il a rendu l'âme.

— Tu pourrais en parler ?

— Oui, pourquoi pas ? À cette époque, nous étions trois à vivre dans un appartement, mon père, moi et ma mère, car tous mes frères s'étaient déjà mariés et avaient quitté la maison. Je me rappelle qu'un jour, après leur sieste, mes parents ont décidé d'aller se promener sur la plage. Cinq minutes plus tard, ils sont revenus, et ma mère a dit : « Ton père ne se sent pas bien. Je vais lui chercher un café. » Mon père s'est allongé sur mes genoux, et ma mère a apporté le café après avoir appelé l'ambulance. C'était un vendredi après-midi, et la circulation était horrible. L'ambulance a mis des siècles à venir. Quand elle est finalement arrivée, mon père était déjà décédé. Je pense que cette façon de partir a été une bonne expérience pour lui.

— Comment ça ?

— Parce qu'il avait horreur d'être malade et bloqué dans un lit d'hôpital. Heureusement, sa mort a été rapide. Je veux dire qu'il est parti très vite et n'a pas souffert. De notre côté, ce fut une épreuve d'acceptation pas facile du tout, car on devait apprendre à vivre sans sa présence. Mais avec le temps, nous avons réussi à gérer sa mort de manière harmonieuse.

— Et ta mère ? Comment est-elle partie ?

— Elle souffrait d'une hernie ombilicale pour avoir donné naissance à six enfants. Une fois, elle est allée chez son médecin, et il lui a dit qu'il y avait deux options concernant cette hernie. Elle pouvait se faire opérer, ce qui était peu sûr en raison de son âge avancé, ou elle pouvait choisir de vivre avec la hernie.

— Qu'a-t-elle choisi de faire ?

— Elle a choisi de ne pas se faire opérer. Malheureusement, cette année-là fut difficile pour elle, car un de mes frères est décédé. Elle s'est sentie mal pour cette mort soudaine. Ce qui a aggravé sa hernie. Elle a donc eu des complications et s'est retrouvée dans le coma pendant quinze jours avant de trépasser.

— Quel dommage ! Je suis désolé !

— C'est la vie, mon ami ! Et puis tu sais quoi, notre existence est faite de joie et de souffrance. Nous devons apprendre à voir le bon côté des choses. Pour être franche, ma mère a toujours vécu dans l'amour. Elle était, tout le temps, heureuse et son esprit était en paix. À ce que je sache, son passage sur terre a été des plus belles.

Karina évoquait les tristes événements de sa vie avec un calme hors pair. Alors que Paulo l'observait attentivement, il ne comprenait pas comment elle pouvait parler de choses aussi douloureuses avec autant de sérénité. « Karina n'est pas une personne ordinaire », pensa-t-il. Il avait raison, car tout être est unique en son genre.

De toute évidence, Karina était une femme rayonnante, et tout ce qui émanait d'elle était agréable. Voilà pourquoi elle parlait de la mort avec un cœur léger. Bien que ce sujet soit un fardeau pour toute personne, elle sut le rendre doux aux oreilles de Paulo. Le sourire qui ne quittait jamais son visage réconfortait les âmes qui se trouvaient autour d'elle. Paulo écoutait avec curiosité. Grâce à la posture de Karina, il a naturellement compris qu'il ne servait à rien de lutter contre les tristes événements de la vie. L'existence elle-même est faite de bonnes et de mauvaises choses, et rien ne peut être fait pour empêcher cette dualité. Ainsi va la vie, comme un fleuve qui suit son cours, parfois turbulent, parfois paisible.

Paulo constata, en écoutant Karina, que le plus important est la façon dont on réagit face aux événements quotidiens, que ce soit dans l'euphorie ou dans l'affliction.

Karina poursuivit :

— La vie de ma mère a toujours été calme. Quelque temps avant de partir dans l'au-delà, elle a vécu avec ma sœur à Brasília et a mené une vie normale.

— Il me semble qu'elle n'ait vécu que pour aimer la vie et prendre soin de ses enfants.

— C'est exact !

— En voyant les choses de cette façon, je comprends qu'en toute chose, il y a toujours le bon côté de la vie, même dans les tragédies, dit Paulo.

— La mort ne doit pas être un sujet qui nous effraie ou nous cause du chagrin, affirma Karina. Dans certaines régions du monde, comme en Afrique et en Asie, les gens font un grand festin lorsqu'un membre de leur famille fait le passage dans l'au-delà. Nous devons apprendre à accepter la mort comme nous acceptons la vie.

— Je suis tout à fait d'accord. Maintenant, pour en revenir au fait que ta mère soit morte dans le coma, je pense que son passage a été suave. Je dis cela parce que j'ai vu des gens comparer le coma à un état de révélation dans les mondes spirituels.

— Je pense que tu as raison, dit Karina, en réfléchissant. C'est drôle parce que, quand j'ai appris qu'elle était morte sans trop souffrir, je me suis dit : « Quelle chance ! »

Ils parlèrent longuement et au moment de se quitter, Paulo demanda :

— Que fais-tu demain dans l'après-midi ?

— Rien d'important. Une promenade peut-être, répondit immédiatement Karina.

— J'ai l'intention d'aller rendre visite à mon amie Vanessa au Café Sorriso. Si ça te dit d'y aller aussi, je pourrais t'envoyer l'adresse par texto. Ce serait agréable de te la présenter. Tu vas aimer la rencontrer, et je pense qu'elle en sera ravie aussi.

— Bonne idée ! Alors, à demain !

— Marché conclu !

Karina s'en alla. Paulo, comme toujours, y resta pensif quelques minutes avant de se mettre à marcher. Sur le chemin du retour, il eut la conviction que toutes les choses de l'univers sont interconnectées. Il perçut une certaine synchronisation entre ses réflexions matinales sur Babylone et l'histoire de Karina. Les deux sujets traitèrent la mort comme une phase inévitable et nécessaire dans le processus naturel de la vie.

Il faut pourtant noter que Paulo n'était pas intérieurement convaincu de ces considérations sur la mort. À un moment donné, pendant qu'il marchait, pour une raison inconnue, il ressentit le besoin de s'arrêter. Puis, il ferma les yeux et pendant un bref instant, il eut le sentiment qu'une main invisible dessinait les événements de la vie, permettant en quelque sorte que toute l'existence converge vers une même source — vers l'Unité.

Une école

Après s'être séparée de Paulo, Renata se livra à la tristesse. Non pas à cause de la séparation, mais parce qu'elle allait devoir tout recommencer seule. Comme il lui manquait de confiance pour le faire, elle tomba peu à peu dans la morosité et passait ses journées à pleurer. Mais, de temps à autre, il lui arrivait de lire ou de regarder la télévision.

Un jour, elle reçut un appel téléphonique d'Eliane, une cousine qu'elle n'avait pas vue depuis longtemps. Leurs retrouvailles apportèrent un peu de lumière dans sa routine. Eliane était très communicative. Elle semblait toujours heureuse et faisait tout ce qui était en son pouvoir pour que toute personne à ses côtés ne perdît la joie de vivre. De plus, à l'âge de trente-cinq ans et étant célibataire, elle se considérait comme une femme forte et se disait avoir le contrôle de sa vie.

À force de passer plus de temps avec sa cousine, Renata regagnait progressivement l'estime de soi. Elle reprit ses cours à l'université et recommença à prendre soin d'elle-même en pratiquant du sport. Le week-end, elle sortait avec sa cousine. Celle-ci était, tout le temps, excitée. Ce qui aidait Renata à profiter du moment.

Elles s'amusèrent énormément, en faisant un peu de tout, mais surtout en allant dans les bars. Eliane encourageait sa cousine en disant : « Il faut que tu te défoules un peu. Paulo est sûrement quelque part en train de passer de bons moments. Tu devrais en faire de même. » Eliane s'était donné la mission d'aider Renata à oublier Paulo.

Un soir, dans un bar de Rio, alors que Renata était assise en silence, pensive comme toujours, Eliane échangeait des baisers avec son ami Luan. Cela faisait des mois que chaque fois que les filles sortaient, Luan venait de nulle part pour bécoter Eliane. Une nuit, Renata demanda à sa cousine ce que signifiait ce type de relation.

— Tu es sûre de ce que tu fais avec Luan ?

— Je sais ce que je fais. Je ne tombe pas amoureuse aussi facilement. Et Luan n'est qu'un ami. Il sait que ce que nous avons n'est pas séreux.

— Mais es-tu vraiment sûre de ne pas tomber amoureuse de lui ?

— Oui, pourquoi ? Je viens de te dire que nous sommes amis. Je suis libre comme un oiseau. Je ne veux pas m'attacher à quelqu'un en ce moment.

— OK ! Je te comprends.

Eliane pensait qu'elle était capable de gérer sa relation avec Luan jusqu'à ce qu'un soir, alors qu'elle se trouvait au restaurant en compagnie de Renata, elle alla aux toilettes et mit trop de temps à revenir. Inquiète, Renata partit à sa recherche. À sa grande surprise, elle la trouva en train de pleurer à cause de Luan.

En réalité, cela faisait déjà quelques mois qu'Eliane pleurait pour Luan. Il s'avérait que ce dernier aurait rencontré une autre fille. Il arrêta donc de fréquenter Eliane et quelques jours après, celle-ci s'aperçut qu'elle tenait énormément à lui. Après que Luan eut officialisé sa nouvelle relation amoureuse sur Facebook, Eliane lui envoya un texto, remettant en question cette relation soudaine.

Il lui répondit :

[Je te rappelle que nous sommes amis. De plus, tu ne voulais rien de sérieux. Tu ne faisais que répéter que tu es un oiseau libre et que tu ne t'attaches à personne. Eh bien, moi, j'ai rencontré une fille qui s'attache aux gens. Elle m'aime pour de vrai et je suis heureux avec elle. Donc, pour l'amour du ciel, je te demande de ne plus m'écrire.]

Renata avait commencé à sortir avec sa cousine Eliane dans le but de devenir une femme émancipée. Et voilà que quelques mois après, elle se voyait s'occuper de son mentor, qui, ironie du sort, pleurait l'amour d'un homme. Ce faisant, elle comprit que pour être une femme autonome et émancipée, elle n'avait pas à sortir tous les soirs, allant de bar en bar. En outre, elle avait passé huit mois à fréquenter les fêtes, et cela n'avait pas été suffisant pour qu'elle rencontre son prince charmant.

Après avoir pleuré pendant plusieurs jours, Eliane décida de passer du temps avec une de ses tantes à Florianópolis. « J'ai besoin de changer d'air et de reprendre le contrôle de ma vie », disait-elle. Renata se retrouva seule à nouveau et apprit donc à apprécier sa propre compagnie tout en restant à la maison durant le week-end. Les autres jours de la semaine, elle allait à l'université suivre ses cours d'économie.

Elle passait ses nuits à lire, et dans l'un de ses bouquins, elle tomba sur un paragraphe où l'auteure comparait la vie à une école : « La vie est un don de Dieu, un cadeau divin qui nous offre diverses possibilités de croissance, que ce soit dans le monde spirituel ou physique ». Ensuite, Renata resta méditative pour un bref instant et inspira profondément le doux air de cette soirée. À partir de ce moment-là, elle prit l'habitude d'être reconnaissante pour toutes les choses qui lui arrivaient. Elle considérait désormais la vie comme un joyau précieux.

Dans tous les coins

Un matin, Renata appela sa cousine Charlotte qui vivait en France. Elles parlèrent pendant un bon moment et convinrent que Renata irait là-bas pour y passer des vacances. Après quelques semaines, Renata fit ses valises et se lança dans cette aventure.

— Je me réjouis de te voir, dit Charlotte, excitée, en embrassant sa cousine lorsqu'elle alla la chercher à l'aéroport.

— Moi aussi !

Après quelques jours, Charlotte demanda à Renata :

— Te souviens-tu de Jean ?

— Bien sûr !

— Nous pouvons lui rendre visite demain. Ça te dit ?

— Bonne idée.

Charlotte demanda à Renata de ne rien dire sur les parents de Jean. « Le cancer les a vaincus tous les deux », dit-elle, d'un regard triste. Après avoir perdu ses parents, Jean devint dépressif et se sépara de sa femme. Il quitta également son emploi. Ainsi, Charlotte, sa voisine, aimait organiser des rencontres pour ne pas laisser son ami d'enfance sombrer dans la mélancolie.

Renata connaissait Jean depuis longtemps. À neuf ans, ses parents voulurent lui faire connaître un peu la France. Elle y passa donc deux ans, en étudiant dans la même école que sa cousine. En première année, elle s'assit à côté de Jean, et depuis ce jour-là, ils ne se quittaient plus.

La nuit où elles rendirent visite à Jean, Charlotte invita son petit ami Homer. Il était originaire du Bénin, un pays de la côte ouest de l'Afrique. Avant Homer, Charlotte était sortie avec de nombreux garçons. Fort heureusement avec lui, elle semblait avoir trouvé la joie d'être fidèle à quelqu'un. Cela faisait déjà six ans qu'ils étaient ensemble. Lorsque Renata l'interrogea à propos de cette relation, elle lui répondit : « Homer est la bonne personne pour moi. Chaque jour, j'apprends à l'aimer de plus en plus, et il en fait de même. »

Tout le monde s'assit dans le salon de Jean pour discuter. Renata lut un peu de tristesse et de solitude sur le visage de Jean. Il souffrait, mais souriait aux invités. En fait, il était toujours comme ça, souriant à tout moment.

Ce soir-là, Renata fut la première à prendre la parole, en posant des questions à Homer.

— Parlez-vous français dans votre pays ?

— Nous le faisons. Mais en plus de cette langue, il en existe plusieurs autres.

— Le Bénin doit être un pays très intéressant, non ?

— Oui, c'est le cas. Charlotte et moi avons convenu de nous y rendre à la fin de l'année.

— Y a-t-il de la place pour une de plus ? demanda Renata.

— Bien sûr ! Pourquoi pas ?

Au milieu de la conversation, ils décidèrent de faire un jeu de mime. Renata et Jean formèrent un duo, mais on aurait dit que c'était la même personne. Ils étaient en parfaite harmonie, à tel point que Charlotte et Homer durent renoncer au jeu. Ces derniers n'avaient aucune chance contre leurs adversaires.

Au moment où les invités quittaient la maison, Renata proposa de rester avec Jean pour parler un peu des histoires qu'ils avaient vécues dans leur enfance. « Bonne idée ! » s'exclama Jean. Charlotte n'en fit aucune objection.

Jean avait perdu un peu de sa tristesse. Lui et Renata s'assirent l'un à côté de l'autre pour se remémorer leur passé. En discutant, ils découvrirent que « Je t'aime, je t'aimais et je t'aimerai » de Francis Cabrel était leur chanson préférée.

— Chaque fois que j'écoute cette chanson, je pense à la lettre d'amour que tu m'as écrite. C'était à la fois drôle et terrible, dit Jean, d'un air joyeux.

— Ça l'était, ajouta Renata, en riant. Tes parents n'avaient pas trop aimé, car ils pensaient que je voulais t'empêcher d'étudier.

— C'est exact ! Ils essayaient de me protéger.

— C'est normal.

Comme Renata savait ce qui était arrivé aux parents de Jean, elle évita d'en parler. Alors, ils parlèrent d'autres choses toute la nuit et décidèrent, à l'improviste, de se rendre au Bénin avec Charlotte et Homer. À un moment donné de la soirée, Jean joua leur chanson préférée sur répétition. Ils connaissaient, tous les deux, les paroles par cœur et, quand venait la partie du refrain, ils l'interprétaient, en s'embrassant :

Et quoique tu fasses
L'amour est partout où tu regardes
Dans les moindres recoins de l'espace
Dans le moindre rêve où tu t'attardes
L'amour comme s'il en pleuvait
Nu sur les galets

Comme le dit Francis Cabrel dans cette chanson, l'amour est dans tous les coins de l'espace, partout où l'on regarde, dans les rêves que l'on fait, et il nous tombe dessus comme la pluie sur les rochers. Comme on peut se l'imaginer, l'atmosphère entre Renata et Jean peignit une sensation très agréable, un mélange de passion et de tendresse, qui faisait vibrer leur cœur. Quelques mois après le retour de Renata à Rio de Janeiro, ils entamèrent une relation amoureuse à distance et, en vacances, ils se rencontrèrent quelque part dans le monde pour savourer les délices de l'amour.

Manifestation d'un objectif

Dans les années 80, Karina décida de cohabiter avec son petit ami. Notons que cette pratique n'était pas bien vue au Brésil à cette époque. Une femme ne pouvait partager sa demeure avec un homme que lorsqu'elle était mariée à ce dernier. Un jour, Clymène, la mère de Karina, s'approcha d'elle et lui dit : « Ma fille, tu es une pionnière. Tu as été hôtesse de l'air quand les gens de notre classe sociale ne pouvaient pas l'être. Puis, tu as adhéré à une autre religion alors que tous les membres de notre famille sont de fervents catholiques. Maintenant, tu vis avec ton petit ami. Tu es vraiment une pionnière. »

La mère de Karina avait honte de dire à ses amis et à sa famille que sa fille vivait avec son petit ami. Cela étant, lorsqu'on lui demandait où se trouvait Karina, elle répondait : « Karina s'est mariée », et les gens disaient : « Comment ça ? Que veux-tu dire ? Et nous n'avons pas été invités à la cérémonie de mariage ? » Clymène inventait une excuse en disant : « Il n'y a pas eu de cérémonie. Elle a préféré se marier à huis clos. »

Après avoir vécu ensemble pendant quelques années, Karina rompit avec son petit ami. Elle avait déjà quarante ans et savait qu'à cet âge, il était pratiquement impossible de trouver un homme qui voudrait d'elle. C'était une période où les femmes de plus de trente-cinq ans étaient vues comme des vieilles qui n'avaient rien à offrir aux hommes. Drôle de situation, car les hommes célibataires de plus de cinquante ans désiraient la compagnie des femmes de moins de trente ans, et ça, c'était « normal » pour la société.

Outre le fait que Karina ne se sentait pas attirante, elle ne se sentait pas non plus à l'aise dans sa ville natale. En effet, elle n'avait jamais réussi à s'adapter au mode de vie de ses amis. Elle s'était toujours sentie comme un petit poisson hors de l'eau, et elle savait depuis son enfance qu'un jour ou l'autre elle partirait pour un autre pays. Vu qu'elle ignorait où aller, elle se mit à faire attention à tout ce qui se passait autour d'elle. Elle se disait que l'univers pouvait lui montrer des signes concernant sa prochaine destination.

Autrefois, au Brésil, lorsqu'on travaillait comme hôtesse de l'air ou enseignant, il était possible de prendre sa retraite après vingt-cinq ans de profession. Karina entama alors le processus de retraite à quarante-sept ans. Le processus s'avéra difficile en raison de la bureaucratie exagérée du pays. Heureusement, sa mère était là pour l'aider. Pendant plusieurs mois, elle se rendait à l'INSS et déclarait : « Bonjour, je suis venue suivre l'évolution du processus de retraite de ma fille. Voici le numéro. » Ils regardaient le numéro du document et répondaient : « Ce processus n'est pas encore terminé, mais nous nous en occuperons bientôt. » Et pendant de nombreux mois, elle y allait et insistait, jusqu'au jour où elle vint voir Karina pour lui annoncer une bonne nouvelle : « Je l'ai eu, ta retraite ! » Karina perçut, à travers cette merveilleuse nouvelle, le message qu'il était temps de quitter le pays. « Maintenant, tu peux partir », lui confirma le Maître intérieur. Il ne restait plus qu'à décider où aller. Un jour, en se promenant sur la plage de Copacabana, elle aperçut un garçon avec un t-shirt sur lequel il était écrit « AUSTRALIA ». Cela attira son attention. « Pourquoi pas l'Australie ? Ça doit être un bon endroit pour vivre », pensa-t-elle.

Quelque temps plus tard, elle se rendit en Australie. Lorsqu'elle arriva à Sydney, elle séjourna dans une auberge de jeunesse, un endroit simple et bon marché. Elle était toute seule dans sa chambre et en était contente, car elle tenait beaucoup à sa vie privée.

Dans cette auberge, elle rencontra plusieurs Coréens qui voulaient apprendre l'anglais. Ils peinaient beaucoup à comprendre l'accent australien et préféraient prendre des cours avec Karina, tout en sachant qu'elle n'était pas native de la langue. Comme elle voulait également enseigner le portugais, elle posta une annonce dans le journal. Peu de temps après, quelques étudiants intéressés lui firent appel. De bouche-à-oreille, ses élèves exaltaient sa façon particulièrement douce de donner des cours. Sans plus tarder, son groupe d'étudiants s'agrandit. Karina pouvait donc gagner sa vie grâce à ses classes pendant qu'elle séjournait en Australie. Ce qui a d'intéressant dans cette aventure, c'est qu'elle pouvait réaliser son rêve de voyageuse internationale sans avoir besoin de beaucoup d'argent.

Son visa de séjour en Australie était valable pour six mois. Le temps passa vite et elle devait bientôt renouveler son visa. Elle avait deux options — le renouveler là-bas ou rentrer au Brésil pour le faire. Retourner au Brésil était la meilleure option, car elle en profiterait pour revoir sa famille. Une fois au Brésil, elle obtint un nouveau visa et alla acheter le billet d'avion pour Sydney. À ce moment-là, il se passa quelque chose qui changea le cours de sa vie.

Cet événement, en plus d'être inattendu, était aussi spirituel. Pour mieux le comprendre, nous devons revenir un peu en arrière. Comme nous le savons déjà, une femme de quarante-sept ans à Rio est, la plupart du temps, considérée comme trop âgée pour être attirante aux yeux des hommes. Karina était dans une situation pareille. Elle souhaitait ardemment trouver la bonne personne avec qui partager sa vie et savait qu'à Rio, cela serait difficile ou même impossible.

Lorsqu'elle vivait en Australie, elle s'était rendue à un séminaire qui portait sur la liberté spirituelle. Ce jour-là, la conférencière parla de l'importance de se fixer des objectifs dans la vie. Une fois à la maison, Karina commença à se fixer des objectifs au quotidien. L'un des objectifs de cette époque était de connaître le partenaire avec qui elle partagerait ses expériences. Chaque matin, elle écrivait dans un carnet : « J'ai un compagnon qui m'aide à servir la vie. » Ce qui attire notre attention dans cette déclaration, c'est que même si elle n'avait pas un potentiel prétendant, elle écrivait son objectif au présent de l'indicatif, comme si son aspiration était déjà sa réalité. En agissant de la sorte, Karina créait un moule qui serait rempli par le Saint-Esprit et qui pourrait être manifesté dans le monde physique s'il y avait du mérite.

Son premier compagnon, le petit ami avec qui elle avait vécu à Rio, était un homme merveilleux, mais avec le temps, leur relation amoureuse se fana, et ils se séparèrent. Après cette expérience,

Karina eut énormément le temps de méditer sur ce qu'est l'amour entre deux personnes. Puis finalement, elle en vint à la conclusion qu'elle ne voulait pas un partenaire comme les autres. Elle rêvait désormais d'un homme qui l'aimerait et qui, par-dessus tout, voudrait vivre dans le service envers les hommes et envers la vie.

Une fois le visa d'Australie obtenu, le Maître intérieur suggéra à Karina qu'elle achète son billet d'avion dans une agence de voyages qu'elle ne connaissait pas. « Va à cette agence et demande quelle est la meilleure offre pour un vol sortant de Rio pour Sydney ? » dit le Maître intérieur. « Comment ça ? J'ai déjà un plan. La première fois que je suis allée à Sydney, je suis passée par le pôle Sud, et le billet était bien moins cher. Je pense que je ferais mieux de traiter avec la même compagnie aérienne », répliqua Karina, à travers l'esprit. « Va à cette agence et tu verras », insista le Maître.

La secrétaire de l'agence suggérée par le Maître intérieur fit plusieurs propositions avant de dire : « Nous avons une excellente promotion avec Canadian Airlines. »

« Mais ça n'a aucun sens d'aller de Rio à Sydney en passant par le Canada qui se trouve à l'hémisphère nord » fut la pensée qui traversa l'esprit de Karina en une fraction de seconde.

— C'est une très bonne promotion. En plus du bon prix, vous pouvez passer quelques jours au Canada si vous le souhaitez. Êtes-vous déjà allée au Canada ? ajouta la femme de l'agence.

— Non, je n'y ai jamais pensé.

— Peut-être pourriez-vous y passer quelques jours avant de poursuivre votre voyage pour Sydney. Moi, je ne dirais pas non à cette belle aventure.

— Je vais y réfléchir.

— OK, entendu.

Lorsque Karina arriva chez elle, elle se souvint d'une invitation qu'elle avait reçue des mois précédents. Il s'agissait d'un séminaire à Montréal qui devait porter sur la liberté spirituelle. « Voilà ! J'y vais avec Canadian Airlines. De cette manière, je pourrai participer au séminaire et ensuite poursuivre mon voyage en Australie », pensa-t-elle.

Lors de son séjour au Canada, elle rencontra l'homme qui était la manifestation de la relation amoureuse qu'elle se fixait. Le Maître intérieur la guida jusqu'à celui-ci par le biais de l'esprit.

Le Maître intérieur

Au Café Sorriso, sur une des tables du patio, se trouvaient Karina, Vanessa et Paulo. Ils parlaient de divers sujets de la vie. Le soleil n'était plus aussi ardent. De temps en temps, une légère brise rafraîchissait l'atmosphère. À un certain moment, Vanessa posa une question à Karina :

— Depuis combien de temps êtes-vous mariée au Canada ?

— Ne me vouvoie pas s'il te plaît, parce qu'alors je me sens très vieille. Cela fait plus de 25 ans.

— Je suis désolée, je l'ai dit par respect, affirma Vanessa.

— De nos jours, maintenir un mariage pendant plus de vingt ans est un exploit, balbutia Paulo.

— Parfois, je me demande comment savoir si notre partenaire est le bon. Y a-t-il déjà une personne qui soit destinée à chacun d'entre nous ? demanda Vanessa, en regardant Paulo.

Elle et Paulo croyaient en la théorie des âmes-sœur. C'était peut-être pour cela qu'ils ne se lançaient pas dans de nouvelles aventures amoureuses. Ils étaient, en quelque sorte, paralysés par les souvenirs de leurs grands amours qui n'avaient pas fonctionné. Adolescente, Vanessa avait follement aimé Tiago et depuis lors, ne put jamais retomber amoureuse. Paulo n'aimait plus Renata, et pourtant, restait attaché à l'idée que son mariage avec elle aurait pu fonctionner.

Karina répondit :

— J'aime faire une analogie pour décrire ma relation avec Erik, mon mari. C'est un peu comme si nous étions deux verres pleins. Nous ajoutons un verre plein, c'est-à-dire moi, à lui, un autre verre plein, et le résultat est deux verres pleins, existant indépendamment l'un de l'autre. La plupart des couples que nous connaissons sont à moitié pleins et ont besoin l'un de l'autre pour atteindre un état de plénitude. Cette codépendance n'est pas du tout saine.

— Il est difficile de trouver un couple comme le vôtre, dit Paulo.

— Parfois, le problème découle de la fausse théorie des âmes-sœur, où les gens croient qu'ils ne peuvent se sentir heureux que s'ils trouvent leur moitié, poursuivit Karina.

Vanessa écoutait en silence. Le regard perplexe, Paulo se tut. Dans leurs réflexions, ils cherchaient tous deux un sens à l'explication de Karina. Cette dernière remarqua que ses interlocuteurs avaient besoin d'un moment pour comprendre ce qu'elle venait de dire. Alors, elle se tut et garda le sourire.

Finalement, Vanessa rompit le silence :

— Merci d'avoir partagé ta conception avec nous ! Maintenant que j'y pense, ton raisonnement a du sens. Il est bon de savoir que l'on peut être heureux sans pour autant dépendre de quelqu'un.

— De rien ! Karina répondit, contente.

Vanessa poursuivit :

— Pourriez-vous... Je suis désolée ! Pourrais-tu nous raconter comment a été ta rencontre avec Erik ?

— Bien sûr ! rassura Karina.

Vanessa lança un regard discret mais perceptible à Paulo. Ce geste lui disait qu'il devait tourner la page avec Renata, permettant ainsi que la fleur de l'amour puisse germer à nouveau dans son cœur.

Karina se mit à parler :

— J'ai rencontré Erik lorsque je suis allée à un séminaire sur la liberté spirituelle à Montréal, au Canada. Comme j'étais célibataire à cette époque, je m'étais fixé l'objectif de rencontrer un bon compagnon. Alors chaque jour, j'écrivais une note à l'univers au présent de l'indicatif, comme si mon souhait était déjà une réalité. C'était la phrase suivante : « J'ai un compagnon qui m'aide à servir la vie. » Pendant le séminaire, mon Maître intérieur m'a dit : « Tu as prévu de rester ici durant une semaine, mais une semaine n'est pas suffisante. » Je lui ai immédiatement demandé pourquoi une semaine ne serait-elle pas suffisante. Il a répondu que je comprendrais bientôt le pourquoi. Je me suis dit : « Mais je manque d'argent pour rester ici. » Le Maître répliqua : « Tu trouveras un moyen. » J'ai rapidement eu une idée intéressante. J'ai écrit sur un bout de papier que j'aimerais passer du temps avec une famille francophone pour améliorer mon français et que je pourrais échanger mon séjour contre des travaux ménagers. J'ai mis la note sur le tableau d'affichage du séminaire. Une demi-heure plus tard, il y avait déjà un nom et un numéro de téléphone sur mon petit bout de papier. J'ai appelé la femme. Elle s'appelait Louise, et elle m'a dit que je pouvais rester avec elle et ses deux enfants adolescents aussi longtemps que je le voulais et que je n'aurais pas besoin d'effectuer des travaux dans la maison. Un jour, elle m'a invité à participer à une activité spirituelle avec d'autres personnes. Quand nous avons terminé, je me suis mise à parler aux gens autour de moi. À un moment donné, j'ai dit à Erik : « Salut, je viens du Brésil et je passe quelques jours ici. » Lorsque je lui ai tendu la main pour dire enchantée, j'ai lu sa pensée : « Qu'est-ce que cette femme me veut ? » Dans ce groupe spirituel, il y avait beaucoup de femmes célibataires, et Erik était l'un des rares hommes disponibles. Donc beaucoup couraient après lui pendant qu'il faisait de son mieux pour les éviter. Puis, quand je me suis présentée, il pensa que j'étais aussi intéressée. Aussitôt, le Maître intérieur me dit : « Laisse le tranquille et va parler à d'autres personnes. »

Vanessa interrompit Karina en lui demandant :

— Qui est ton Maître intérieur ?

— Elle a un lien fort avec son monde intérieur, répondit Paulo, à la place de Karina.

— C'est bien cela. Ce lien se manifeste par une petite voix qui me parle et qui me donne des orientations au moment opportun. Avec le temps, j'ai décidé de lui donner le nom de « Maître intérieur », expliqua Karina.

Stupéfaite, Vanessa s'exclama : « Comme c'est intéressant ! J'aimerais écouter cette petite voix intérieure aussi. »

— Ce n'est pas une chose facile à faire, remarqua Paulo.

— Ce n'est pas chose courante, mais c'est possible — avança Karina, immédiatement.

Paulo et Vanessa se regardèrent discrètement. Karina continua son histoire :

— La semaine d'après, je suis retournée au même endroit pour une autre activité spirituelle. Erik n'avait pas l'air de vouloir une nouvelle amie et comme je connaissais déjà sa façon de faire, je suis restée dans mon coin, en l'ignorant. Soudain, une dame nommée Yvette, qui vivait dans le même immeuble, s'est approchée de moi et m'a dit : « Karina, j'aimerais t'inviter à prendre le thé, mais n'en parle à personne. C'est juste que je n'aime pas avoir trop de monde chez moi. J'ai invité Erik uniquement parce que je l'aime bien. » Nous sommes donc allés chez Yvette pour prendre le thé. Voilà que je me suis retrouvée seule à converser avec Erik dans le salon, pendant que notre hôtesse s'affairait dans la cuisine. J'étais assez neutre pour qu'il ne se sente pas mal à l'aise. Après le thé, il m'a emmenée à une station de métro, et de là, je suis allée chez Louise. Quelques jours plus tard, le Maître intérieur m'a suggéré de faire une chose que je ne fais pas d'habitude : « Appelle Erik », m'a-t-il dit à travers l'esprit. Louise avait son contact. Comme il n'était pas chez lui, j'ai laissé un message dans sa boîte vocale. Il ne m'a jamais rappelé, mais je l'ai vu à une autre réunion spirituelle. À la fin de notre activité, il est venu me voir et m'a dit : « Désolé de ne pas t'avoir rappelé. C'est parce que j'ai eu une journée chargée. Des membres du groupe et moi allons chercher quelque chose à manger. Souhaiterais-tu nous accompagner ? » J'ai accepté sans hésiter. Le lendemain, le Maître intérieur m'a montré qu'il était temps de continuer le voyage vers Sydney. J'ai pris les dispositions nécessaires, et Louise a décidé d'organiser un dîner d'adieux, en invitant Erik. Lors du dîner, il m'a demandé comment je me rendrais à l'aéroport le lendemain pour prendre le vol. J'avais prévu de prendre un taxi, mais il s'est porté volontaire pour m'emmener. Il m'a donc conduit à l'aéroport, et quand nous nous sommes dit au revoir, nous avons échangé nos contacts, pensant que nous ne nous reverrions probablement jamais. Quelque temps plus tard, il a commencé à m'appeler et à m'envoyer des fax. À l'époque, il n'était pas courant d'utiliser l'Internet. Un jour, quand il m'a appelé, il m'a fait sa demande en mariage. J'ai été surprise, car je le connaissais à peine. Mais le Maître intérieur m'a donné deux signes. Le premier fut de me montrer que nous avions beaucoup de choses en commun : nous suivions les principes de la liberté spirituelle, nous étions libres, sans aucune relation. De plus, nous sommes nés le même mois et nous n'avions que six ans de différence d'âge. « Pourquoi n'acceptes-tu pas ? Si ça ne marche pas, tu pourras revenir à Sydney ou partir au Brésil. Tu ne sauras jamais si tu n'essaies pas », m'a dit le Maître. Le deuxième signe fut un rêve que j'ai fait la nuit suivante. Dans ce rêve, c'était l'automne, et j'étais dans un endroit plein d'arbres colorés. Cela ne ressemblait pas à Sydney ou à Rio de Janeiro, alors je me suis dit que ça ne pouvait être qu'au Canada. J'ai donc décidé de suivre les conseils du Maître intérieur et je suis allée au Canada, où nous nous sommes mariés à l'automne de la même année.

Paulo demeura songeur. Vanessa était souriante. Elle ne cachait pas sa curiosité pour les aventures d'amour et de voyage. « Tellement rapide ! » s'exclama-t-elle.

— C'est vrai ! Je l'ai rencontré en juin. Ensuite, je suis allée en Australie. Il m'a fait sa demande en juillet. Je suis revenue vivre avec lui au Canada en août, et nous avons décidé de nous marier le 22 octobre dans le temple spirituel que nous fréquentons.

— Comment s'est déroulée la cérémonie de mariage ? demanda Vanessa, enthousiaste.

— Je n'ai invité personne, mais beaucoup de gens y sont allés. Cela s'est produit parce qu'une fille et un garçon d'Australie se sont mariés la veille de notre mariage et que leurs invités, qui étaient aussi mes amis, sont venus à mon mariage. Ingrid, la femme qui m'a présenté les préceptes de la liberté spirituelle, se trouvait, elle aussi, dans le temple. Elle m'a demandé si elle pouvait jouer de la flûte à mon mariage. Nous avons adoré l'idée, et ce fut tout simplement merveilleux.

— Tout cela est arrivé parce que tu as écouté le Maître intérieur, affirma Vanessa, trouvant l'histoire incroyable.

— Le Maître intérieur est la douce voix qui vient du cœur de chacun d'entre nous. Il est parfois difficile de la percevoir, mais lorsqu'on ouvre son cœur, elle se manifeste chaque fois qu'on en a besoin. La vérité est que le Maître intérieur est toujours avec nous. La question est : « Sommes-nous avec Lui ? »

Vanessa fut stupéfiée par la révélation de la voix intérieure. Paulo, qui était resté silencieux jusqu'alors, prit finalement la parole : « Pourrait-on dire que le Maître intérieur est la meilleure version de nous-mêmes ? » questionna-t-il, le regard sérieux comme si sa question portait déjà la réponse en soi.

— Absolument ! Karina acquiesça à cette observation.

Le jour touchait à sa fin. Café Sorriso devait fermer. La joie et la gratitude se révélaient sur le visage de Vanessa. Elle remercia Karina pour cette belle histoire et s'en alla nettoyer le local. Peu de temps après, Paulo et Karina prirent un Uber et retournèrent chez eux.

Le jour suivant, alors que Paulo réfléchissait à l'histoire de Karina, il se souvint de l'invitation de son fils pour assister à l'une de ses pièces de théâtre. Il avait reçu deux billets d'entrée pour cet événement et se posait des questions sur la personne à inviter. « Pourquoi pas Vanessa ? », une suggestion qui lui vint à l'esprit avant qu'il ne se livre au sommeil.

Un grand roi africain

Homer, Charlotte, Renata et Jean partirent en Afrique. L'avion atterrit à Cotonou, la capitale économique du Bénin. Ils y louèrent une voiture pour se rendre à Ouidah, ville historique, où ils prétendaient se loger à l'hôtel La Casa Del Papa.

Sur le chemin de l'hôtel, ils s'arrêtèrent pour une promenade dans le Temple des Pythons, où ils prirent de nombreuses photos. Au Bénin, culturellement parlant, tout étranger est roi. Ainsi, les Béninois traitaient les amis d'Homer comme des rois et des reines. Renata et Charlotte étaient ravies de se retrouver dans un endroit pareil.

À une certaine distance de ce sanctuaire vaudou, ils s'arrêtèrent de nouveau pour admirer un autre site touristique. Sous la guidance d'un natif, ils empruntèrent le chemin que les esclaves arpentaient jusqu'à leur arrivée à « La Porte Du Non-Retour ». En ce lieu, les esclaves étaient embarqués pour les Amériques. Ils étaient tristes et leur tristesse pouvait couvrir tous les océans. Au fond de leur cœur, ils savaient qu'ils ne reverraient plus jamais les leurs.

Le guide leur raconta que la plupart des esclaves déportés au Brésil avaient quitté Ouidah, et que beaucoup d'entre eux étaient revenus après l'abolition de l'esclavage. Il leur dit que c'est d'ailleurs pour cela qu'on y trouve beaucoup de gens avec des noms de famille brésiliens. « Ceux que vous croisez dans les rues de ce pays peuvent bien être vos frères. Je veux dire les descendants des premiers Brésiliens, revenus en Afrique, après une longue période de méchanceté de l'homme contre l'homme », affirma-t-il.

Alors qu'ils écoutaient les histoires de Ouidah, Renata, qui ne savait rien du Bénin jusqu'à sa rencontre avec Homer, en fut émue. Assise sur une pierre à côté de « La Porte Du Non-Retour », elle prit une poignée de sable, se demandant si un de ses ancêtres était originaire de cette terre. Comme tout bon brésilien, elle devait avoir du sang africain dans les veines. Et si cela était vrai, elle pourrait se considérer comme faisant partie de ce lieu, comme étant fille chérie de la ville de Ouidah. Dans sa courte rêverie, elle réalisa que bien que les continents soient séparés par de vastes océans, leurs habitants sont, en quelque sorte, tous liés. « Le monde est si petit que je pourrais le tenir entre mes mains », pensa-t-elle. Elle regarda intensément la mer, imaginant la tristesse que cet immense azur a dû éprouver en voyant des milliers d'hommes et de femmes privés de leur liberté. « La folie humaine ! » murmura-t-elle.

Le guide touristique conclut son discours en disant : « Après que tout soit dit et fait, nous percevons que nous sommes tous une seule et unique chose. » Ensuite, Homer, Charlotte, Renata et Jean poursuivirent leur voyage vers l'hôtel La Casa Del Papa, où ils s'installèrent dans la plus grande tranquillité.

Bien que les chambres de l'hôtel fussent simples, elles étaient parfaitement confortables. De leurs fenêtres, les touristes pouvaient voir l'infinitude de la mer et les palmiers dont les feuilles leur rappelaient la liberté. Rien ne pourrait être plus beau que cela. Du balcon de sa chambre, Renata se mit à contempler toute cette beauté naturelle. Elle se sentait chez elle, car cette proximité avec la mer lui faisait penser aux merveilles du Brésil.

La Casa Del Papa occupait un espace immense, avec des terrains de football, de basket-ball, de tennis et de minigolf. Il y avait aussi des jardins, des piscines et bien d'autres choses encore. Sur le côté droit de l'endroit où se trouvait Renata, les vagues bleus, douces ou bruyantes, s'étendaient à l'infini. De l'autre côté, il y avait une lagune de taille considérable qui se reposait avec ses eaux calmes.

En silence, Renata médita sur le vert éclatant de ce paysage, et d'une manière étrange, se sentit isolée du monde, comme si elle était sur une autre planète, loin du bruit et de l'anxiété des grandes villes. Tout en profitant de l'air rafraîchissant de la nature, elle se souvint que l'hôtel proposait également un service de spa. Sans tarder, il appela Charlotte pour qu'elles allassent se détendre. Après une bonne séance de massage, elles partirent se promener avec les garçons. Le soir, ils firent un feu de joie près de la lagune. D'autres touristes les rejoignirent, et ensemble, ils bavardèrent de tout et de rien jusqu'à l'arrivée de Monsieur Mamadou. Ce dernier était considéré comme le plus vieux griot[2] de cette ville historique.

Monsieur Mamadou, d'origine sénégalaise, leur raconta la légende du Roi Béhanzin, dit KONDO, LE REQUIN[3]. C'était un grand roi qui aurait consacré tout son règne à la lutte contre l'impérialisme français. Mais en fin de compte, il se rendit à ses ennemis dans le but de protéger son peuple. Ils voulaient, en quelque sorte, sauver ses sujets de ce qui pouvait découler d'une guerre dévastatrice.

Les chansons et les gestes de Mamadou donnaient vie à l'histoire de ce roi. C'était tellement excitant que certains touristes pleurèrent. Renata entrevit, à travers le courage du roi, la manifestation d'un amour inconditionnel, une vie entièrement consacrée au service du peuple. Avant ce voyage en Afrique, elle n'avait jamais réfléchi de manière aussi approfondie aux questions sociales. Après l'avoir fait, elle sembla ne plus être la même personne. La vérité est qu'elle était sur le point de découvrir une autre face du monde et qui sait, une nouvelle version d'elle-même.

---

[2] Griot : Dans certaines parties de l'Afrique de l'Ouest, c'est quelqu'un qui transmet l'histoire de leur société, en particulier à travers des histoires, des poèmes et de la musique, et qui participe à des cérémonies telles que les mariages et les funérailles.

[3] KONDO, LE REQUIN est une fresque historique qui décrit la résistance anticoloniale du roi dahoméen Gbéhanzin. Pliya, Jean, Kondo, Le Requin. Yaoundé: Ed.cle, 2010.

Au-delà de l'horizon

Paulo était assis dans l'un des théâtres de Rio. Il regardait le plateau avec enthousiasme. À ses côtés, se trouvaient Vanessa, Ana Paula et son mari, ainsi que Renata et son petit ami. Bianca, la femme de Rafael, était également présente.

Sur scène, il y avait une décoration qui faisait penser à l'aube, et un arbre blanc comme neige qui symbolisait la pureté. Une femme monta sur scène avec un bol et s'assit sous l'arbre. Elle observait le public, d'un regard songeur. Rafael, qui interprétait un soldat, entra en scène. Lorsqu'elle le vit, son cœur palpita de joie. Elle se leva pour l'embrasser.

À ce moment-là, Paulo prit délicatement la main de Vanessa. Peut-être que ce geste provenait de l'émotion, en voyant son fils jouer dans sa propre pièce de théâtre. En serrant la main de Vanessa, Paulo ne pouvait mesurer la joie dans son cœur.

Les deux personnages s'appelaient Natalia et Glauber. Natalia était si ravissante que sa présence intensifiait l'éclairage de la scène. Tout le monde pouvait remarquer la splendeur de cette femme. L'allure figée, Glauber tenait une rose.

La pièce portait sur la croyance erronée selon laquelle le bonheur se trouve en dehors de chacun, au-delà de l'horizon. Natalia essaya d'expliquer que nous pouvons trouver le bonheur au fond de notre cœur, mais Glauber ne l'écouta point. De ce fait, il partit à la recherche de ce bonheur quelque part d'autre. Peu après, Natalia apprit que Glauber avait trouvé la mort dans un tragique accident avant d'atteindre la destination de ses rêves. Elle s'attrista, pleura pendant des jours. Quelque temps plus tard, elle découvrit qu'elle était enceinte et que son amour avec Glauber survivrait à travers l'existence de cet enfant.

À la fin du spectacle, Paulo et Vanessa sortirent en se tenant la main. Vanessa ne cachait pas son enthousiasme en marchant aux côtés de Paulo. Pour sa part, il se sentait un peu mal à l'aise, mais ne le démontrait pas. Ils allèrent attendre Rafael à l'entrée de l'établissement pour le féliciter. Vanessa se demandait comment serait la rencontre avec les membres de la famille de Paulo. Jusque-là, elle ne les connaissait que par les histoires qu'il lui avait racontées.

Ana Paula et son mari s'approchèrent d'eux. Paulo présenta Vanessa. Peu après, Rafael apparut en compagnie de Bianca et Renata. Quand Paulo vit Renata, il lâcha discrètement la main de Vanessa. Souriante, celle-ci ne dit rien, mais au fond, elle se sentit consternée par le geste de Paulo. Renata remarqua la présence de l'inconnue et demanda à Paulo :

— Tu ne veux pas nous présenter à ton ami ?

— Oui, bien sûr ! C'est Vanessa, une collègue de mon ancien bureau, dit Paulo, cachant les détails de son amitié avec Vanessa au Café Sorriso.

Renata était heureuse de l'accomplissement de son fils et, avec le visage illuminé, elle souriait chaleureusement à l'inconnue. Vanessa, bien qu'attristée par le comportement de Paulo, faisait de même. Tout le monde félicita Rafael pour sa pièce de théâtre remarquable et sa bonne performance. Soudain, le téléphone portable de Vanessa sonna. Elle demanda la permission de répondre, quitta le théâtre et ne revint plus. Au bout d'un moment, Renata dit :

— Paulo, tu ne crois pas qu'il vaille mieux rejoindre Vanessa ? Il y a un moment déjà qu'elle est partie.

— C'est vrai, je vais la chercher — approuva Paulo, en prenant congé de son fils.

Entre-temps, Vanessa était déjà partie. Peu après avoir appelé Uber, ses yeux se mouillèrent de quelques larmes. Quant à cela, un poète avait déjà dit que sur le sentier de l'existence, on y voit des hommes qui pleurent de joie, tandis que d'autres pleurent leurs malheurs. « C'est la vie ! » murmura Vanessa. Elle ne savait plus quoi penser.

Cela faisait déjà huit ans que Vanessa et Paulo étaient amis. Le jour où ils s'étaient rencontrés, elle avait ressenti quelque chose de spécial pour lui. Toutefois, elle se satisfit de leur amitié. Pour elle, rien n'aurait changé entre eux s'il ne lui avait pas pris la main durant la pièce de Rafael. Cet événement a tout changé.

Paulo l'appela cette nuit-là, et ils parlèrent de ce qui s'était passé plutôt. Il affirma ne pas savoir qu'il y avait autre chose que l'amitié entre eux. Chose à laquelle Vanessa répondit en disant qu'elle avait mal interprété la situation et qu'elle préférait prendre ses distances.

Un voyage

À la tombée d'une nuit, Paulo eut l'idée de faire quelque chose de nouveau avant de se coucher. Il s'assit dans un fauteuil confortable et posa les mains sur les genoux, comme s'il était sur le point de recevoir des bénédictions. Il ferma les yeux et porta l'attention sur le troisième œil, un point entre ses sourcils et un peu au-dessus d'eux. Ainsi, pour la première fois, il fit une contemplation. Cet exercice spirituel lui procura une quiétude si bonne qu'il décidât de le faire tous les soirs.

Karina lui avait déjà dit que la contemplation est, en effet, un voyage vers notre temple intérieur. Elle avait également affirmé que ce genre de voyage permet de vivre d'une manière suave. Et maintenant qu'il contemplait, son quotidien devenait de plus en plus léger. En dehors de cela, il percevait les moments dans lesquels il entrait en contact avec son monde intérieur.

Avec le temps, il comprit qu'il n'était plus seul au monde, que quelque chose en lui le protégeait et le guidait vers un but plus grand. Il ne lui a pas fallu longtemps pour réaliser que plus il pratiquait l'amour à travers ses actions envers ses semblables, plus sa vie intérieure se fortifiait.

Une nuit, il rentra chez lui après avoir parlé à Karina et ne chercha rien à manger. La conversation avec elle avait suffi à rassasier son cœur et, par conséquent, son appétit. Il se mit alors à contempler. À ce moment-là, les pensées devinrent sereines. Elles ne se limitèrent qu'à l'instant présent. Elles étaient complètement libérées des chagrins du passé et des aspirations de l'avenir.

Sans s'en rendre compte, Paulo s'endormit comme un enfant. Au milieu de la nuit, alors que son corps demeurait inconscient dans le lit, son esprit se mit à errer dans un monde irréel. Étant une âme libre, il se retrouva dans un rêve qui lui semblait pourtant réel. Il se promenait dans les rues d'une ville semblable à Rio. À chacun de ses pas, il avait le sentiment d'être dans son propre monde, comme si tout ce qui s'y trouvait faisait partie de lui, comme s'il était le créateur du rêve. « Les bâtiments, les arbres, les montagnes et tout ici forment une unité avec moi », pensa-t-il.

Bien qu'il fût en communion avec tout, il se sentait aussi comme une entité à part. Il marcha jusqu'au sable, sur le rivage d'une mer dormante. C'était l'aube, et le vaste océan couvrait le monde, son monde, la réalité dans son rêve. Ses yeux errants se posèrent sur l'horizon et cherchèrent quelque chose de différent. Cependant, il n'y avait rien de nouveau. Dans ce lieu, il n'y avait que lui-même et la manifestation de son monde intérieur.

Il s'assit pour observer le lever du soleil. Le géant astre brillant se déplaçait doucement à l'horizon. De l'endroit où il se tenait, cette étoile géante semblait sortir des eaux de la mer. L'océan n'était plus bleu, car tout y devenait lumineux. Le cœur de Paulo se délecta de cette merveilleuse vue. Et, à un moment donné, il écouta le murmure du paysage.

Tandis que le doux vent chantait la mélodie de l'Amour, les vagues de la mer dansaient avec une jubilation totale. Tout y était parfait. Sans pour autant penser, Paulo comprit sa relation avec la vie, et tout ce qu'elle contenait. Il réalisa que les yeux du cœur voient l'essentiel qui n'est rien d'autre que l'Amour, ce merveilleux sentiment, semblable à l'éternité, immuable et toujours authentique, quand bien même il aurait traversé plusieurs millénaires et civilisations. Beaucoup ont été ses messagers, beaucoup le sont encore et certainement, d'autres viendront. Cependant, l'Amour lui-même ne change jamais, incorruptible, toujours égal à lui-même dans le moment présent et capable de guérir toute affliction, en faisant de l'existence une bénédiction.

Tout à coup, un homme au manteau marron apparut au bord de la mer. Sa silhouette était entrecoupée par la lumière du soleil. Il était d'une peau ébène, d'un sourire radieux, avec des yeux sombres et une barbichette raffinée. C'était un être majestueux dont la compassion animait l'univers entier du rêve.

Lorsqu'ils se regardèrent, Paulo ressentit immédiatement une joie illimitée qui par la suite conquit son cœur. Il avait aussi le sentiment que la manifestation de cette figure humaine n'était rien d'autre que le doux vent qui avait chanté la mélodie de l'Amour à ses oreilles. Paulo avait déjà entendu parler des maîtres spirituels qui apparaissaient dans les rêves. « Cet être radieux est sûrement l'un d'entre eux », pensa-t-il.

L'inconnu s'assit à côté de Paulo et entama la conversation comme s'ils étaient amis depuis longtemps.

— Ça fait combien de temps déjà, mon frère ? Ça va ?

— Je vais bien, et vous ? répondit Paulo, un peu surpris.

— Je vais bien aussi. Qu'as-tu fait ces trois dernières années ? demanda l'inconnu.

— Quelques mois après le décès de ma mère, j'ai été licencié. Je n'ai rien fait depuis.

— T'es-tu déjà pardonné concernant ta mère ?

— J'aurais pu aller la voir avant qu'elle ait rendu l'âme. Je ne peux me le pardonner. Oh ! Ce serait plus facile si je pouvais remonter le temps. Mais que faire contre la mort ? La mort ! Paulo resta silencieux pendant un instant. Je comprends qu'il s'agit d'une étape nécessaire de l'existence et pourtant, ça n'en demeure pas moins qu'un mystère.

— Je crois que la mort n'est rien d'autre que de voyager d'un endroit à l'autre. Aujourd'hui, tu te trouves ici. Si tu vas à un autre endroit demain, tu seras absent ici. Mourir, c'est aussi être absent sur Terre, certainement pour se rendre à un endroit meilleur, un lieu adapté à la croissance de chaque être.

— La mort est donc un voyage comme tout autre ? questionna Paulo, le regard confus.

— Dans le cas contraire, nous le saurons après l'avoir traversée. En tout cas, il n'y a pas d'issue.

— C'est vrai ! opina Paulo, le regard plus serein.

— Fais la paix avec toi-même concernant la mort de ta mère.

— Je le ferai, répondit Paulo sans cligner des yeux.

— Maintenant, je dois partir.

Ayant le pressentiment que cet être majestueux pouvait répondre à toutes les questions, et ne voulant pas le laisser partir, Paulo s'empressa de lui demander : « Qui sommes-nous ? D'où venons-nous ? Et où allons-nous ? »

Le Maître le regarda tendrement et articula : « Moins je demande, plus j'écoute la voix du silence, le chant de l'univers. Moins je pense, plus je contemple la lumière de l'univers, la parole de la Grande Âme. »

Paulo écoutait avec attention. L'homme mystérieux continua : « Les questions génèrent plus de questions, et par conséquent, aucune réponse ne satisfait celui qui cherche à appréhender le mystère. La main posée sur la poitrine gauche, il poursuivit. Tout est ici, mon ami. »

Ainsi parla l'auguste homme, les yeux remplis d'amour et de compassion. Ensuite, il prit congé, en disant « À nos revoirs ! »

Peu après leur embrassade, la manifestation de l'être mystérieux se dissipa dans l'air exquis de l'aube. Instantanément, la brise qui avait joué la mélodie de l'Amour aux oreilles de Paulo se mit à souffler de nouveau. Après un moment, il remarqua, en silence, que cette musique venait de son for intérieur. C'est ainsi qu'il ouvrit les yeux, se retrouvant dans son lit, dans le monde physique.

Il venait juste de faire un rêve révélateur sur l'un des grands mystères de l'existence. Il savait désormais que la mort n'était rien d'autre qu'un voyage d'un endroit à l'autre ou mieux, d'un plan à l'autre. Dans son cœur, la peur d'affronter le quotidien s'étouffa. Allongé, il était en paix — une paix qu'il n'avait jamais ressentie jusqu'alors.

Retour d'une bonne action

Après s'être mariée au Canada, Karina ne voulait pas dépendre financièrement de son mari. À l'époque, elle touchait une petite pension du gouvernement brésilien. Ce qui ne suffisait pas pour bien vivre au Canada. Après y avoir réfléchi, elle commença à se fixer l'objectif de devenir financièrement indépendante. Chaque jour, elle notait son aspiration comme si c'était déjà une réalité. Quelques mois après, elle obtint un emploi dans une école des langues étrangères de Toronto. Cependant, elle n'en était pas satisfaite, car elle y travaillait dur et ne gagnait pas grand-chose. L'école payait si peu Karina qu'un jour son mari lui dit : « Ton transport pour aller dans cette école dépasse ton salaire. Je ne comprends pas ce que tu fais là. »

Chaque fois que le Maître intérieur voulait attirer l'attention de Karina sur une situation, le numéro 16 lui apparaissait. Le jour où elle termina son stage dans cette école, se demandant encore si elle devait y enseigner ou non, elle vit le numéro 16 à la porte du placard où elle devait garder son matériel. Elle comprit immédiatement qu'il fallait accepter ce métier, quand bien même ce n'était pas gratifiant financièrement. Elle resta dans cette école pendant plus d'un an et eut des élèves merveilleux. Sans qu'elle le sache, ce travail l'aiderait à trouver un emploi à l'Université de Toronto.

Durant cette période, elle n'arrêta pas d'écrire son objectif au présent de l'indicatif. Elle le faisait chaque matin, espérant que d'autres opportunités de travail se présenteraient. Un jour, pendant qu'elle marchait dans la rue, elle aperçut l'annonce d'un cours d'informatique qui disait : « Apprenez à créer votre propre site web. » C'était un cours sponsorisé par le gouvernement canadien, et elle ne devait payer que douze dollars pour l'inscription.

Après avoir terminé le cours, elle créa son propre site web sur internet, en y mettant des informations personnelles et professionnelles. Plus tard, un Brésilien, ayant vu son site, la contacta pour lui demander des informations sur un cours d'anglais à l'Université de Toronto. Il eut l'idée de lui demander de l'aide, car, grâce aux informations contenues dans le site, il sut qu'elle était professeure d'anglais et qu'elle vivait à Toronto. Son message à Karina disait :

— Bonjour ! J'ai vraiment aimé votre site web et j'aimerais apprendre l'anglais à l'Université de Toronto. Pourriez-vous m'aider en m'obtenant des informations sur les cours proposés par cet établissement ?

Au premier abord, Karina pensa : « Il pourrait lui-même envoyer un courriel à l'université, et ils lui répondraient certainement. » Dès qu'elle pensa cela, le Maître intérieur lui dit : « Aide, simplement ! » Ensuite, elle répondit au courriel du Brésilien :

— Pas de problème ! Je peux vous voir ça.

— Merci beaucoup !

— De rien !

Ce jour-là, Karina appela l'Université de Toronto et laissa sa requête dans une boîte à message. Elle eut dit qu'elle était brésilienne et qu'elle avait besoin de plus de détails sur leur cours d'anglais pour une de ses connaissances. Quelques heures plus tard, la coordinatrice générale des cours de Formation Continue de l'université l'appela et lui donna les informations nécessaires. Après cela, elle demanda à Karina si celle-ci connaissait quelqu'un qui enseignait le portugais, car l'université voulait engager un professeur qui enseignerait le portugais brésilien. Ne perdant pas l'opportunité, Karina avança qu'elle donnait des cours de portugais et qu'elle pouvait aider en cas de besoin. La coordinatrice lui demanda alors d'envoyer son CV avec deux lettres de recommandation solides.

Dans la première école où Karina enseignait, elle donnait des cours à l'un des directeurs d'une société multinationale. Il apprenait le portugais parce qu'il allait être transféré à São Paulo. Elle se souvint de lui et lui envoya un courriel, lui demandant une lettre de recommandation. Elle reçut la seconde lettre du directeur de cette même école. Ces deux lettres l'aidèrent à obtenir ce nouvel emploi. Ce qui a été une très bonne chose dans sa carrière. Il suffisait de savoir qu'elle travaillait à l'Université de Toronto pour que les étudiants particuliers lui fassent confiance.

À son premier jour de classe, Karina se présenta comme une enseignante brésilienne. Tous les étudiants étaient des débutants, mais certains étaient issus de familles portugaises et avaient déjà quelques connaissances de la langue. L'un d'entre eux affirma :

— Professeure, ma mère est originaire des Açores. Je veux apprendre le portugais du Portugal.

— Mais je suis brésilienne, et l'université m'a engagée pour enseigner le portugais du Brésil, répondit Karina.

Lorsqu'elle rentra chez elle, elle se demanda comment résoudre ce problème. Le lendemain, elle se réveilla en pensant que ce serait une bonne idée d'améliorer son savoir concernant le portugais du Portugal. Pour de nombreux linguistes, le portugais du Brésil et celui du Portugal sont deux langues différentes.

À l'époque, l'Université de Toronto n'informait pas le type de portugais enseigné aux personnes qui s'inscrivaient dans le cours. Karina décida donc de répondre aux attentes de tous les élèves, en disant dès le premier jour de classe : « Ceux qui veulent apprendre le portugais du Portugal, asseyez-vous de ce côté de la salle. Et ceux qui préfèrent le portugais brésilien, asseyez-vous de l'autre côté. »

Lorsque Karina parlait le portugais du Portugal, elle essayait de prononcer les mots avec une respiration sifflante typique. Elle expliquait les différences entre les deux langues en disant des choses comme : « Au Brésil, nous utilisons davantage le « você », et au Portugal, il est plus fréquent d'utiliser le « tu ». Ce fut ainsi pendant des années.

Pour apprendre le portugais du Portugal, Karina prenait son cahier et s'asseyait au salon pour assister aux téléjournaux portugais. Elle notait toutes les différences de vocabulaire et de prononciation. Par exemple, les portugais disent « Estou a aprender inglês » tandis que les Brésiliens disent « Estou aprendendo inglês ». En plus d'étudier cette façon de parler, elle passa quinze jours au Portugal pour améliorer son accent. Tous ces efforts qu'elle déployait pour mieux enseigner ses élèves venait de l'amour qu'elle portait à la vie.

En dehors de l'université, elle avait aussi des étudiants particuliers. Ce qui lui permettait de donner des cours de manière plus détendue. Elle pouvait également répondre aux besoins de chaque étudiant en fonction des langues qu'ils parlaient. Si l'élève ne parlait que l'anglais, elle savait que le processus d'apprentissage était plus lent. Ceux qui parlaient déjà une langue latine, comme l'espagnol ou le français, apprenaient beaucoup plus vite.

Karina prêtait attention aux difficultés des élèves et faisait de son mieux pour qu'ils se sentissent bien en classe. Parfois, elle enseignait les règles de grammaire grâce aux activités ludiques, et les élèves appréciaient sa créativité. Il importe de savoir qu'à cette époque, elle avait déjà compris que vivre au service de la vie la rendait heureuse. Cela étant, elle traitait les élèves avec respect et compassion, mettant en pratique les principes de la liberté spirituelle dans son quotidien.

En réalité, Karina n'était pas si différente de ceux qui l'entouraient. Comme tout le monde, elle cherchait aussi comment gagner son pain. Cependant, cette quête extérieure n'entravait pas son processus de connaissance de soi. Enfant, elle avait entendu l'appel de l'âme, et depuis lors, elle n'avait cessé de chercher la plénitude jusqu'à ce qu'elle la trouvât au plus profond de son être.

L'univers

À quelques kilomètres du centre de Rio, sur l'Île du Gouverneur, se trouvaient Karina et Paulo, assis sur un des bancs de l'Aéroport International Tom Jobim. Karina s'apprêtait à prendre l'avion pour retourner au Canada, et ils attendaient l'heure de l'embarquement. Pendant ce temps, ils profitaient des dernières minutes pour se dire au revoir. De là où ils étaient, ils pouvaient voir des gens du monde entier, venant de quelque part et allant vers un autre endroit.

Paulo questionna Karina, d'un air pensif :

— J'ai toujours été curieux à ton sujet. Je sais que tu voyages beaucoup et que tu es allée plusieurs fois en Europe. Je voulais te demander comment tu obtiens de l'argent pour faire tout cela. Je te pose cette question parce que tu étais professeure d'anglais au Brésil, et les professeurs ici meurent de faim. Je rigole, mais ils galèrent énormément.

— Ta question a lieu d'être ! En vivant au Canada, j'ai vite remarqué que ma pension venant du Brésil ne valait rien, et je ne voulais pas dépendre d'Erik financièrement. Je me suis donc fixer l'objectif de gagner quelques dollars supplémentaires. Chaque matin, j'écrivais mon objectif dans un carnet. Ensuite, j'abandonnais mes préoccupations à l'univers. À l'époque, j'avais quelques étudiants particuliers et un emploi à l'Université de Toronto. Mais tout cela ne suffisait pas pour asseoir complètement mon indépendance financière. Un jour, je reçus l'appel d'un Brésilien. C'était le mari d'une de mes collègues de travail. Il me demanda si je voulais faire un podcast d'enseignement de la langue anglaise. Je lui ai dit que je préférais faire un podcast pour enseigner le portugais. Il eut un peu de doute sur le coup, car, il ne pensait pas que nous trouverions des gens intéressés. Je lui ai donc dit que nous ne saurons jamais si nous n'essayons pas. Il a finalement accepté, et nous avons commencé à produire les épisodes. Comme ce podcast était l'un des premiers d'enseignement de la langue portugaise dans le monde, il a connu un succès considérable.

— Comme c'est cool ! Tu es donc devenue financièrement indépendante.

— C'est exact ! Acquiesça Karina, en souriant. À ce propos, tu avais commenté dans une de nos conversations que tu étais au chômage et que tu ignorais comment faire. Tu pourrais demander de l'aide à l'univers comme je l'ai fait. Qui sait, il te montrera peut-être des signes concernant la prochaine étape de ta vie professionnelle.

— Bonne idée ! Je pourrais écrire mes objectifs au présent de l'indicatif comme s'ils étaient déjà la réalité. Je me souviens de cette technique spirituelle dont tu m'avais parlé.

— Ah, oui ! C'est une bonne façon de manifester nos rêves et nos ambitions.

Ils se mirent d'accord avec un rire. Karina regarda son téléphone portable, constata qu'il était temps pour son embarquement, et dit :

— Je dois m'en aller.

Ils se levèrent, et Paulo lui souhaita :

— Bon voyage !

— Merci beaucoup !

— Nos conversations vont me manquer, dit Paulo.

— Moi de même, répliqua Karina. Mais nous pouvons toujours parler par texto ou par appel vidéo.

— Je me réjouis de cette possibilité.

Paulo sortit délicatement une rose avec une note de son sac et la remit à Karina. Celle-ci était contente et se souvint que quelques mois auparavant, alors qu'ils se promenaient tous les deux dans le Parc Lage, elle avait acheté une rose avec un mot pour lui. Maintenant, il en faisait de même, redonnant consciemment ou inconsciemment l'amour qu'il avait reçu. Karina saisit la rose et, en embrassant Paulo, lui murmura à l'oreille : « Ne t'inquiète pas, tout ira bien. » Ils se dirent donc « au revoir ». Paulo, debout, demeurait pensif sur l'avenir, pendant que Karina s'éloignait. Il sentit un frisson au ventre. Ce sentiment de peur ne dura que quelques secondes, car il se souvint de son fils Rafael, qui disait que la vie est faite de changements. Paulo comprit alors que tout ce qui existe a un début et une fin. À ce moment précis, l'incertitude dans son cœur se dissipa et dans son monde intérieur, commencèrent à jaillir des torrents d'amour et de gratitude, pour avoir eu la bonne fortune de connaître Karina. Il s'assit et ferma les yeux en silence. Moins d'une minute s'écoula, et il les rouvrit. D'une façon mystérieuse, il tomba sur un monde différent de celui qu'il avait connu jusque-là. L'aéroport lui-même ressemblait à la vie, une route à double sens, une route sans fin et sans commencement, une autoroute qui traverse le monde, passant par tous les recoins de la Terre. Paulo remarqua également la pluralité des passagers qui marchaient devant lui. Ils étaient multiples et divers. Certains souriaient. D'autres, non. Certains emportaient avec eux les passions de la chair. D'autres portaient dans leurs cœurs les vertus de l'âme.

Après cette expérience à la fois inhabituelle et extraordinaire, Paulo entreprit le chemin de retour à Rio. À un moment donné, il commença à méditer sur la phrase que Karina lui avait chuchotée. Il ne savait pas comment l'expliquer. Pourtant, il avait le sentiment d'avoir déjà entendu cette même phrase auparavant. Il essaya de s'en rappeler, mais en vain.

Haut dans le ciel, Karina, assise près du hublot de l'avion, lut la note qui accompagnait la rose que Paulo lui avait offerte :

Avant de te connaître,
J'ai vu les couleurs du monde,
Mais j'ignorais la lumière du cœur.
J'ai entendu les bruits de l'existence,
Mais j'ignorais la chanson du cœur.
Oh, amie du monde,
Je t'offre toute ma gratitude.

Après avoir lu la note, elle se mit à contempler les nuages et remarqua que ceux-ci se déplaçaient suavement. Sous eux, le monde semblait avoir disparu. Elle ferma les yeux en portant son attention sur le troisième œil. Elle fit une profonde inspiration et ressentit une joie énorme, qui petit à petit conquérait son moi intérieur. L'extase devint lumière dans sa vision, et elle se sentit comblée d'avoir pu aider une âme à se souvenir d'elle-même. En servant la vie et en agissant toujours avec amour, elle était devenue un canal par lequel l'univers opérait. Bien que sa rencontre avec Paulo semblât insolite, il n'y avait rien de fortuit. En effet, cet épisode a été une pièce importante dans le processus de connaissance de soi de Paulo. Un événement qui lui a apporté la lumière et le son de l'Amour à un moment critique de sa vie. Une de ces nuits où il se retrouvait seul face à l'amertume, il s'était regardé dans le miroir de sa salle de bains et avait souhaité que Dieu lui montre le chemin. Et le Père de la création répondit à cet appel par le biais de Karina.

Loin du ciel, à Rio, quand il était temps de s'endormir, bien avant de se coucher, Paulo fit une contemplation. En contemplant, il se souvint de la première fois qu'il avait entendu la phrase de Karina : « Ne t'inquiète pas, tout ira bien. » Cela s'était passé quelques mois auparavant, dans un rêve qu'il avait fait à l'époque où les événements de la vie l'attristaient.

Après s'en être souvenu, il considéra l'existence comme une œuvre divine. Il comprit que l'Âme absolue était derrière tout ce qui se passait dans sa vie, mettant toujours les bonnes personnes, aux bons moments, sur son chemin. Il interpréta également qu'au milieu des difficultés quotidiennes, les âmes bien avisées apportaient les enseignements nécessaires à l'évolution de tous.

D'une certaine manière, Paulo arriva à la conclusion que l'âme existe parce que Dieu l'aime, et qu'aucun être ne subsiste en dehors du plan divin. Ainsi, Dieu est dans tout ce qui existe, et toutes les choses sont reliées entre elles. Enfin, l'intelligence absolue aime simplement ses enfants, et pour profiter consciemment de cet amour inconditionnel, nous avons besoin d'yeux pour contempler sa

Lumière et d'oreilles pour écouter sa Mélodie à travers la manifestation de l'univers.

Face à la peur

Après le départ de Karina, la solitude refit surface dans le quotidien de Paulo. Heureusement pour lui, il n'était plus le même qu'avant. Il avait appris à accepter l'absence des personnes à ses côtés. L'auguste Maître, qui lui était apparu en rêve, lui avait fait savoir que l'épanouissement de l'être ne se trouvait ni dans les relations humaines ni dans les choses matérielles. Maintenant, il sait également que « Tout ce dont on a besoin se trouve dans le cœur ». De plus, il avait pris l'habitude de faire une contemplation chaque nuit avant de dormir.

Il passait ses journées dans la plus grande simplicité. Il lisait beaucoup et, de temps en temps, se promenait sur la plage. Vu que sa relation avec sa famille était devenue harmonieuse, il les appelait souvent. Son père passait ses journées en toute tranquillité. Renata était heureuse avec son petit ami Jean. Ana Paula ne commentait jamais sa vie. Rafael remporta un prix littéraire international avec son livre « Le Poème de l'univers ».

Du côté de la famille, tout allait bien. D'autre part, deux choses préoccupaient Paulo : « quelle serait sa prochaine occupation ? » et « sa distance par rapport à Vanessa ». Quant à cette dernière préoccupation, il avait peur de prendre à nouveau des risques en amour, peur d'y croire, peur de se jeter à l'eau.

Un jour, alors qu'il se promenait sur la plage, il se rappela que Karina avait l'habitude de se fixer des objectifs à chaque étape de sa vie. Sans plus tarder, il eut l'idée d'écrire à son Maître intérieur ou mieux, à son monde intérieur. Aussitôt arrivé à la maison, il prit un carnet et rédigea : « Grâce aux instructions du Maître intérieur, j'ai une occupation qui me rend heureux et j'expérimente ce qu'il adviendra de Vanessa et moi. » Et chaque soir, il ne manquait pas d'écrire cette déclaration. Quelques mois passèrent, et durant une nuit, il fit un rêve dans lequel il tint une conversation avec Karina. Ils étaient assis sur le même banc de toujours, face à la mer.

— Tu pourrais exposer tes peintures au Café Sorriso. Cela rendrait l'atmosphère plus romantique, et tes poèmes émerveilleraient les clients, exprima Karina.

Paulo resta silencieux, ne sachant que dire. Karina poursuivit :

— Peut-être que tu deviendrais un grand artiste et en tirerais beaucoup d'argent.

— Y as-tu pensé ? Moi, un grand peintre, et mon fils, un grand écrivain et poète ! Les gens vont penser que nous sommes une famille de rêveurs, répliqua Paulo, en souriant.

— On dit que la vie est généreuse avec les rêveurs.

— Qui sait, murmura Paulo.

— Ça ne coûte rien d'essayer, répliqua Karina.

Le premier rayon de soleil traversa la fenêtre entrouverte de la chambre à coucher. Paulo se réveilla et se mit à réfléchir. Pendant toutes ces années, il garda le silence sur ce qui le rendait vraiment heureux — le dessin et la peinture. C'était ça, ce qui le comblait.

Il se leva du lit et contempla le tableau à l'entrée de la salle de bains — *Le Retour*. Il resta là, immobile et songeur pendant quelques minutes, mais ne savait toujours pas exactement ce qu'il fallait faire. Il décida alors de ranger l'appartement tout en pensant à ses deux préoccupations. D'une part, il devait choisir la direction à prendre dans sa vie professionnelle. D'autre part, il devait savoir si son histoire avec Vanessa en valait la peine. Soudain, le locataire de l'appartement voisin fit jouer une chanson brésilienne. C'était « Epitaph » de Titans. Une partie de la chanson disait :

J'aurais dû aimer plus
Pleuré plus
Avoir vu le soleil se lever
J'aurais dû prendre plus de risques
Et faire plus d'erreurs
Faire ce que je voulais faire

À ce moment précis, Paulo se sentit conquis par une énergie inconnue et pensa : « J'aurais dû peindre les beautés du monde comme je l'avais toujours souhaité. » Quand il était enfant, il aimait peindre ce que le monde offrait à ses yeux et à son innocence. À l'époque, il ne jugeait point et ne faisait qu'illustrer ce que l'univers lui permettait de contempler et d'apprécier. Il commença donc à se remémorer les bons moments de son enfance, notamment lorsqu'il rendait visite à ses grands-parents à la ferme. Il se souvint de la sensation qu'il éprouvait quand il contemplait le coucher de soleil, de la rivière non loin de la ferme, du cheval qui apaisait sa grand-mère malade, de son premier chien qui l'aimait plus que tout au monde, des nuits pleines d'étoiles brillantes, des oiseaux sur des branches d'arbres et volant dans le ciel, du chant du coq qui le réveillait les matins d'été et la prairie de la ferme toujours verte comme un nouveau départ.

Lorsque la musique termina, il se dit : « Comme l'univers a toujours pris soin de moi, ce que je peux faire maintenant, c'est de l'honorer. » Il décida donc de raviver ses rêves d'enfance, en redevenant le petit garçon qu'il avait été autrefois — celui qui se sentait accompli quand il contemplait et peignait les beautés du monde.

Alors qu'il essayait de justifier cette décision soudaine, une phrase que sa grand-mère qui lui avait dite lui vient à l'esprit : « Quand tu seras grand, souviens-toi que la flûte de Dieu se joue dans le cœur des enfants. » Paulo était maintenant un adulte qui s'apprêtait à voir le monde avec un cœur d'enfant.

Le même jour, après mille pensées sereines, il se rendit dans un magasin de peinture et acheta des toiles, de l'acrylique et des peintures à l'huile. De retour chez lui, il se mit à peindre. Depuis ce jour-là, chaque fois qu'il se réveillait le matin, il illustrait ce que la vie lui inspirait ou ce que les rêves de la dernière nuit lui révélaient. Quelques jours passèrent, et dans son appartement il y avait déjà une douzaine de belles peintures. En même temps qu'il peignait, il puisait l'inspiration, on ne savait d'où, pour écrire quelques poèmes sur l'amour, la justice et la beauté. Un de ses poèmes disait :

Ô Âme que je suis,
Vérité qui habite dans un temple.
Noir ou blanc,
Esprit qui n'a pas de couleur.
Menu ou gros,
Conscience qui n'a pas de dimension.
Athée ou croyant,
Âme qui a le Tout en elle.
Beau ou laid,
Passion qui transcende la perfection.
Élégant ou négligé,
Âme dont le cœur est soleil.
Ô grande Âme,
Âme de toutes les âmes,
Tu es tout, Tu n'es rien.
Entre le commencement et la fin,
Tu es l'éternité.
Entre la privation et l'abondance,
Tu es le contentement.
Dans l'euphorie et la tristesse,
Tu es la sérénité.
Dans l'union du jour et de la nuit,
Tu es le lever et le coucher de soleil,
L'Amour qui anime le temple.

Quelques mois après, il alla au Café Sorriso afin de se rapprocher de Vanessa. Ils discutèrent un moment, et il l'invita chez lui. Là, elle tomba sur les peintures et dit, d'un air heureux : « Ce serait bien d'exposer ces peintures au Café Sorriso. L'espace est grand, et je crois que cela apporterait une lumière à l'établissement. Qu'en penses-tu ? ». Paulo en fit heureux et consentit, le visage illuminé. Ensuite, ils passèrent la nuit ensemble et firent l'amour.

Au fil des ans, Paulo se consacra à la peinture, exposant ses tableaux au Parc Lage ainsi qu'au Café Sorriso. Chaque fin d'année, Vanessa et lui voyageaient un peu partout dans le monde. Ils allaient dans différents pays et appréciaient de plus en plus les beautés du monde. Ils se rendirent dans les endroits où Vanessa était déjà allée, mais le sentiment qu'elle éprouva cette fois-ci n'était pas le même, puisque maintenant l'élu de son cœur était à ses côtés. Leur relation étant telle, ils décidèrent de se marier. Karina était présente à la cérémonie.

Avec le temps, Paulo apprit à Vanessa comment faire de la contemplation. Ce fut une belle expérience, car elle constata que le voyage vers son temple intérieur est beaucoup plus merveilleux que le voyage d'un pays à l'autre. C'était bien évidemment ce qui lui manquait pour se sentir épanouie. Dès lors, elle ne se rendait plus dans d'autres endroits du monde pour apaiser son esprit ou pour remplir le vide dans son cœur. Désormais, elle ne voyageait que pour découvrir de nouvelles facettes du monde, pour connaître de nouvelles choses, pour se divertir et pour partager de superbes aventures avec son amoureux.

Vanessa était maintenant devenue un verre d'eau plein à côté de Paulo, un autre verre d'eau plein. Ils s'aimaient tous les deux, et leur bonheur personnel ne dépendait pas de leur union. Ainsi se délectaient-ils des joies de l'instant présent, en savourant chaque moment que la vie leur offrait.

Une bénédiction

Quelques années après avoir épousé Vanessa, Paulo se réveilla tôt dans son nouvel appartement à Copacabana. Il se leva du lit et alla à la fenêtre. Vanessa dormait comme un ange. Paulo regarda ce qui se passait dans la rue. Peu à peu, la ville de Rio de Janeiro se réveillait, et certaines personnes partaient au boulot de bonne heure.

Paulo sentit la caresse d'une brise sur son visage. Il s'agissait bel et bien du doux zéphyr qui l'avait fait quitter la maison quelques années auparavant, le jour où il avait fait la connaissance de Karina. Il respira l'air frais de ce matin de printemps et se souvint de sa première conversation avec sa grande amie. À ce moment-là, il fut envahi par une étrange sensation, comme si quelque chose dans son for intérieur lui demandait d'aller à la plage. « Cela doit être une suggestion du Maître intérieur », pensa-t-il. Depuis qu'il avait commencé à pratiquer les exercices et les principes de la liberté spirituelle, sa connexion avec son monde intérieur devenait de plus en plus intense.

Il prit son carnet et son stylo et alla à la plage. Pendant qu'il marchait, un torrent d'amour jaillissait de son intérieur comme une cascade divine. Il remarqua que la vie émergeait de son cœur. Ainsi marchait-il, en souriant et en saluant les gens qui s'étaient levés tôt pour s'occuper de leurs affaires. La ville reprenait lentement vie sous un soleil encore pâle. Loin des pensées qui accablent l'esprit, Paulo cheminait, le sourire aux lèvres et la paix au cœur.

Lorsqu'il arriva à la plage, il aperçut une jeune femme assise sur un banc. Il n'en connaissait pas la cause, mais quelque chose le conduisit jusqu'à cette inconnue. D'une certaine manière, il sentait qu'il devait lui parler, mais hésitait un peu.

Le Maître intérieur fit taire les doutes de son esprit, en disant : « Va vers elle et parle-lui. » Paulo s'approcha de la jeune femme et lui dit : « J'ai longtemps marché aujourd'hui. Puis-je m'asseoir ici pour me reposer un peu ? ». Elle y consentit d'un simple hochement de tête. Il s'assit, retira un carnet et un stylo de son sac et commença à dessiner le beau paysage qui se révélait devant eux.

Là, étaient Paulo et cette inconnue, tous deux assis sur un banc devant l'océan. Elle se livrait à ses pensées tandis qu'il griffonnait quelque chose dans son carnet. Quelques minutes s'écoulèrent. Un couple d'amoureux qui se promenait main dans la main passa devant eux. En les voyant, la jeune femme se mit à pleurer discrètement. Ayant constaté la tristesse de l'inconnue, Paulo entreprit une conversation. Il parla d'une voix suave.

— Il n'y a pas de spectacle plus magique que l'aube. Avez-vous déjà contemplé un lever du soleil ?

Taciturne, la jeune femme le regarda rapidement et se mit à observer le paysage autour d'eux. Le soleil resplendissant occupait l'horizon. La surface de la mer paraissait dorée et bleue en même temps. Un vent léger se fit sentir, en faisant balancer les palmiers. La vie se manifestait à travers la nature, et n'importe quelle personne présente à ce moment précis aurait pu l'éprouver.

Après un moment, toujours en observant le paysage autour d'eux, la jeune femme cessa de pleurer. Elle fit une profonde inspiration et demanda à Paulo :

— Pourquoi pensez-vous que le lever du soleil est un moment magique ?

— Parce que la nuit et le jour se fusionnent pour ne faire qu'un. Et je ressens la présence de Dieu chaque fois que j'ai la chance d'assister à cette merveilleuse union.

La jeune femme sourit, hocha la tête et dit : « Je n'avais jamais remarqué cela auparavant. Merci de me rappeler qu'il est possible de ressentir Dieu à travers la manifestation du monde. »

— De rien ! Il m'a également fallu de nombreuses années pour enfin comprendre qu'il y a des choses divines qui se produisent tout le temps autour de nous.

— J'imagine ! exprima la jeune femme, en essuyant les larmes de son visage.

À cet instant-là, le Maître intérieur dit à Paulo : « Maintenant, tu peux rentrer chez toi. » Paulo prit congé de l'inconnue et s'en alla. Au fond, il était heureux d'avoir réussi à voler un sourire à cette femme. Il était conscient du pouvoir du sourire. Comme le disait un poète africain : « Un sourire, à lui seul, est capable de soulever des montagnes. »

La vérité est que Paulo ne voulait qu'aider, et ce faisant, il fit la même chose que Karina. Celle-ci était toujours disponible pour l'écouter quand il en avait besoin. Maintenant, il faisait de même avec d'autres personnes, ne s'en tenant pas aux résultats de sa bienveillance. En rentrant chez lui, il était sûr que tout ce qui existe dans l'univers était interconnecté. D'une certaine manière, il se sentait lié à cette inconnue ainsi qu'à Karina. Il savait qu'il n'avait pas tort de penser cela, car, si toute l'existence vient d'une seule source, l'essence de la création devrait se trouver dans tout ce qui existe. Avec cette observation, il conclut que ce n'est pas par hasard qu'il était allé à la plage si tôt sans raison apparente. Il devait être là, car cette jeune femme avait besoin qu'on lui rappelle que Dieu existe et qu'il est toujours à nos côtés, dans les bons comme dans les mauvais moments. En réfléchissant davantage à tout cela, Paulo appréhenda la générosité de la vie. En un clin d'œil, l'existence lui parut comme une vaste école avec des millions de salles de classe. Ses couloirs représentaient plusieurs routes qui traversaient la surface de la Terre. Ses leçons et ses épreuves étaient infinies, et dans chaque classe, il y avait des maîtres et des disciples pour enseigner et apprendre. Pour y vivre merveilleusement, il fallait être en syntonie avec soi-même afin de savoir quand apprendre, enseigner, parler ou écouter.

Peu après avoir fait ces considérations mentales, Paulo se retrouva devant son immeuble. Il monta à son appartement et s'allongea. Vanessa n'était plus là. Elle était déjà partie au Café Sorriso.

La jeune femme était toujours assise au bord de la plage. Au bout d'un moment, elle alla vers l'eau et se mouilla les pieds. Elle contempla la mer sans aucune pensée. Avec l'esprit serein, elle écouta le murmure de la brise. Elle ne faisait plus qu'un avec tout ce qui s'y trouvait. L'océan, tout comme le vent, faisait désormais partie d'elle. Après un bref instant, elle se sentit de nouveau comme une entité à part. La vaste mer semblait aller au-delà de l'infini, et le vent de cette douce atmosphère semblait venir d'une contrée profondément lointaine. Les vagues, petites ou grandes, allaient et venaient, lui caressant les pieds avec beaucoup d'amour. Elle leva les yeux et perçut que l'océan était comme elle. Ses vagues pouvaient s'élever avec fureur ou se coucher avec tendresse, l'océan demeurait toujours le même, immuable et infini. « Je suis l'océan, je suis tout cela », pensa-t-elle. Sans plus tarder, elle comprit qu'aucune joie ni aucun chagrin ne pouvait emprisonner son épanouissement personnel. Si le grand bleu ne se rend pas aux vagues calmes ou tumultueuses, pourquoi se rendrait-elle aux circonstances de la vie ? Après avoir connu Paulo ce jour-là, cette jeune femme transcenda sa conscience.

Suite à ces réflexions intérieures, elle se pencha et prit une poignée de sable. Ensuite, elle marcha un peu au bord de l'eau, en examinant tout autour d'elle jusqu'à ce que son regard se pose sur le mont de Pain de Sucre. Cette petite montagne lui donna l'impression de toucher le ciel. Elle réalisa alors que la gloire divine n'est pas si loin des hommes. À ce moment-là, elle expérimenta une joie qu'elle n'avait jamais connue auparavant. Elle était radieuse et heureuse, convaincue que la vie est une bénédiction.

FIN

Instagram de l'auteur : @herlicpoemas